文化驿站　共享空间

杭州社区文化家园建设丛书

精心·晶都

张翼飞　著

杭州出版社

图书在版编目（CIP）数据

精心·晶都 / 张翼飞著. -- 杭州 : 杭州出版社，
2022.9

（杭州社区文化家园建设丛书）

ISBN 978-7-5565-1886-9

Ⅰ. ①精… Ⅱ. ①张… Ⅲ. ①社区文化－建设－概况
－杭州 Ⅳ. ①G127.551

中国版本图书馆CIP数据核字(2022)第164170号

JINGXIN JINGDU

精心·晶都

张翼飞　著

责任编辑　王　凯
责任校对　陈铭杰
美术编辑　祁睿一
出版发行　杭州出版社（杭州市西湖文化广场32号6楼）
　　　　　　电话：0571-87997719　　邮编：310014
　　　　　　网址：www.hzcbs.com
排　　版　杭州真凯文化艺术有限公司
印　　刷　浙江国广彩印有限公司
开　　本　710 mm × 1000 mm　1/16
字　　数　120千
印　　张　10.25
版 印 次　2022年9月第1版　2022年9月第1次印刷
标准书号　ISBN 978-7-5565-1886-9
定　　价　25.00元

序　言

2017年以来，杭州市根据中共浙江省委关于社区文化家园建设的整体部署，以"文化驿站、共享空间"为定位，通过改建、扩建社区已有文化设施，整合现有文化资源，积极打造集思想引领、道德滋养、文明倡导、文化熏陶功能于一体的社区文化家园。截至2021年底，累计建成1055家社区文化家园，覆盖全市80%以上的社区，其中，五星34家，四星72家，三星181家。

2021年，杭州市继续从制度、资金、管理三个方面对社区文化家园的建设提供有力保障，全年共新建成260家社区文化家园，形成了以下特色亮点：

——以居民为中心，进一步激发出居民的主人翁意识。社区文化家园在硬件设施建设和内容载体设计方面，都把"以居民为中心"的思想贯穿始终，服务好居民群众，让居民乐于参与、积极参与。第一，围绕社区居民日益增长的精神文化需求，健全社区各类设施和场所的文化功能，完善社区公共文化服务体系，开展各类文体活动，活跃社区文化。第二，突出居民主体，发挥好居民自治的重要作用，由西湖区翠苑社区居民首创并共同约定遵行的"孝心车位"及其公约，有效解决了子女看望父母长辈停车难的问题，成为杭州社区治理的一大创举。第三，搭建线上线下居民交流平台，形成学习、教育、休闲等各类社团组织，加强社区居民的参与互动，实现社区文化家园建设为民靠民，社区文化家园建设成果由居民共享的目标。

——以社会主义核心价值观为引领，进一步承担起新时代文明实践的重要职责。杭州将社区文化家园与新时代文明实践站的建设工作相结合，将社区文化活动与群众性精神文明创建活动相结合，为社区居民搭建了共同的公共文化空间与精神家园，以社区文化家园为抓手，推动社区精神文明建设。第一，加强文化活动的宣教作用，在日常文化活动中，专门将社区文明案例转化成宣讲课程和文艺作品，寓教于乐，寓宣传于服务；同时，在活动现场向居民分发各类宣传资料，以活动强意识，以意识促行为，使文明行为成为生活习惯。第二，发挥社工的专业作用，做好社区志愿者的引导、发动、培训及保障工作，探索"社工+志愿者"的联动机制，激发居民群众关爱家园、参与发展的热情，围绕"整洁环境、文明养宠、文明出行、规范停车、垃圾分类、定点投放、爱护绿化、爱护公共设施"等社区文明新风尚身体力行，逐步形成"我为人人、人人为我"的和谐良好氛围。第三，讲好身边好人的模范事迹。利用长廊、橱窗、楼道、道路等基础设施，宣传展示社区的最美现象、人物风貌、榜样典型等内容，用身边人、身边事来感染人、熏陶人、教育人，营造见贤思齐、向上向善的浓厚氛围。

——以宣传普及习近平新时代中国特色社会主义思想为重点，进一步发挥好基层宣传思想文化阵地的重要作用。社区文化家园以"精神家园"为功能定位，弘扬主流价值、传承传统文化，注重习近平新时代中国特色社会主义思想的宣传普及和社会主义核心价值观的落细落小落实。第一，依托市民讲堂、道德讲堂、科普讲堂等活动载体，组织党员干部进社区进行宣讲，进一步巩固宣传思想文化工作的基层阵地，推动宣传思想文化工作走进群众、深入人心，取得实效。第二，着眼于居民思想道德水准的提升，通过公益广告宣传、民间艺术创作、社区文化展陈等形式，广泛开展科学、法律、文化、健康等知识的宣传教育，提高了居民的现代文明意识和科学文化素质。第三，把社区文化工作要点集中到思想建设与内容建设上，改变了以往文化建设重硬件的倾向，通过活跃社区文化，倡导文明风尚，推动居民交流，让文化建设有形可见、入脑入心，让居民群众受到教育、得到启发，实现市民文明素质与城市文明程度的相互促进、相互提高。

——以重构现代都市的社会关系为立足点，进一步塑造好和谐互助的邻里文化。在文化家园丰富的日常活动中，现代都市的"都市冷漠症"逐渐消除，从"陌邻"变"睦邻"。第一，连续18年举办邻居节活动，每年的活动覆盖杭州13个区县（市），除政府部门组织的文艺演出、社区公共环境整治、嘉奖"好邻居"外，越来越多的社区和个人自发组织起敲门送温暖、邻里百家宴等活动，填补邻里交往的空白，增强社区归属感。第二，根据不同社区的实际情况，构建和谐互助的邻里关系。在老小区，社区文化家园整合各类资源，提升养护、休闲、保健等公共服务水平，老年居民也自发组织了"银发互助队"，提供陪伴、语言安慰、生活品代买等志愿服务；在新杭州人聚居的社区，文化家园里开设起"四点半课堂"，由本地退休老教师、社工帮助照看，解决家长的后顾之忧，增加孩子们之间的互动关系。

我们从五星和四星社区文化家园中选取了8个有代表性的社区，组织力量采写了第四辑杭州社区文化家园建设丛书，一方面是继续展示杭州市社区文化家园建设的成果，另一方面也想通过丛书的出版发行，进一步推动全市社区文化家园建设再上一个台阶，为杭州市争当浙江高质量发展建设共同富裕示范区城市范例助力。

杭州社区文化家园建设丛书编委会

2022年3月

目　录

晶都社区概述／1

第一篇　建设好社区文化家园／5

　　第一节　整合资源，优化提升，助力文化建设有底劲 ································ 6

　　第二节　主要社团 ··· 12

　　第三节　社区文化社团优秀带头人 ··································· 22

第二篇　不断提高居民生活品质／29

　　第一节　充分发挥党组织核心引领作用 ··························· 30

　　第二节　整合资源为居民办实事 ··································· 33

　　第三节　确保社区和谐稳定 ··· 36

　　第四节　繁荣社区文化，凝聚居民人心 ··························· 38

第三篇　构建"56569管理服务机制" / 41

第一节　管理服务的创新点 ·· 42

第二节　寓服务于管理之中 ·· 44

第三节　主要成效 ·· 47

第四篇　创建全国和谐社区建设示范社区 / 53

第一节　多元化参与，为建设和谐社区形成合力 ················· 54

第二节　精细化管理，为建设和谐社区提供保障 ················· 60

第三节　人性化服务，为建设和谐社区搭建平台 ················· 64

第四节　民主化建设，为建设和谐社区创造条件 ················· 69

第五篇　创建"国际化社区" / 73

第一节　围绕"大社区"理念，进一步推动国际化社区打造 ······ 74

第二节　营造"大文化"氛围，进一步增强中外居民文化认同 ···· 80

第三节　创新"大服务"模式，进一步提升社区服务能力 ········ 84

第四节　探索"大协商"机制，进一步创新社区治理的参与模式 ·· 86

第六篇　努力打造基层服务型党组织 / 89

第一节　搭建多样化的平台 ·· 90

第二节　深化和巩固"56569"服务模式 ····························· 92

第三节　抓好中心重点工作 ·· 94

第四节　服务好各类人群 ·· 97

第五节　丰富居民精神文化生活 ·· 100

第六节　打响"晶"彩引擎社区党建品牌 ···························· 101

第七节　全力做好新冠肺炎疫情防控工作 ···························· 104

第七篇　进一步提升社区治理能力／107

　　第一节　坚持党领导一切，带领各项事业再上新台阶 …………… 108

　　第二节　积极利用党群资源，提升公共服务和治理水平 …………… 110

　　第三节　积极优化社区服务，提升居民的满意度 ………………… 112

　　第四节　营造"大文化"氛围，增强居民文化认同 ……………… 114

　　第五节　推进重点工作，维护社区和谐 ………………………… 117

第八篇　"一核两翼"营造美好生活／119

　　第一节　晶都社区的美好生活 …………………………………… 120

　　第二节　党建引领：探索社区服务中的党建工作法 ……………… 124

　　第三节　制度保障："56569"社区服务体系 …………………… 127

　　第四节　自治夯基：引导社会组织做好专业服务 ………………… 129

　　第五节　"一核两翼"社区服务模式的价值 ……………………… 132

第九篇　社区人／135

　　·郑立萍（晶都社区党总支书记、居委会主任）………………… 136

　　·沈金荣（晶都社区党员、退役军人）…………………………… 140

　　·邓锡鹄（党支部书记、"杭州市百姓之星"）………………… 141

附　录／144

　　荣誉录 …………………………………………………………… 144

后　记／149

晶都社区

晶都社区概述

　　杭州市滨江区长河街道晶都社区成立于2010年10月，地处长河街道中心区块。区域范围东至江虹路，南临南环路，西靠时代大道，北依滨安路，面积约1.99平方公里。辖区内有南岸晶都，铂金名筑，（新、老）长兴苑，联建房，初高中宿舍、江鲜楼等5个住宅小区，共有居民3394户、11366人。社区为党总支建制，下设6个网格支部，3个临时支部，共有在册党员101人。

　　近年来，晶都社区以党建为统领，以完善的服务体系为保障，以坚实的社会组织力量为依托，形成了"一核两翼"的社区服务模式。社区以优化服务为着力点，推行党员三五日、网格支部三个一；以社会协同为抓手，建强社会组织党建阵地；以典型培树为载体，成立自治帮帮团。这些举措让党建工作在基层一线发挥实效。党员模范带头，党组织联动链接，显著地提高了社区

晶都社区门面

服务水平。

社区积极探索治理服务实践，以"56569"为社区工作法，推行"11411"服务管理体系，联合党员、物业、业委会、志愿者等力量，统筹网格内服务群众、环境整治、消防安全、社会稳定等工作，引导居民自治。社区做好"晶"致文章，以人民对美好生活的向往为目标，打造"晶"彩引擎党群服务中心、"晶"心闪耀社会组织服务中心、"晶"银花开居家养老服务中心、"晶"色童年青少年活动中心，形成了"晶都"模式。

社区曾获全国和谐社区建设示范社区、全国综合减灾示范社区、全国优秀学习型社区、浙江省文明社区、浙江省卫生先进单位、浙江省示范村级便民中心、浙江省无烟单位、浙江省绿色社区、浙江省基层科普示范单位、浙江省级基层人民防空（民防）规范化建设单位、浙江省村居老年教育示范点、浙江省示范家长学校、全省城乡社区治理和服务成绩突出集体、杭州市国际化社区示范点、杭州市抗击新冠肺炎疫情先进集体、杭州市和谐（文明、平安）社区等荣誉称号。

晶都社区内景

参加志愿者活动

第一篇　建设好社区文化家园

　　晶都社区努力建好、用好社区文化家园，把社区文化家园真正打造成社区居民的"精神家园"，围绕"文化驿站、共享空间"的定位，社区用发展的观点、和谐的意识、创新的思路、文化的理念走出了独具特色的晶都之路，用心演绎着居民的文化自信，居民的归属感、获得感也不断提高。在这里，居民之间有着远较一般城市陌生人社区更为亲近的熟人关系网络。居民之间日常交流交往频繁，小区文娱活动异常丰富，各种活动将居民联结成为一个情感的生活共同体。

第一节　整合资源，优化提升，助力文化建设有底劲

社区以"人人参与社区文化，人人享受社区文化"为中心，大力加强文化阵地、文化载体、文化队伍建设。

一、建设文化活动场所

在面积3300平方米的社区综合文化中心内，配备了一站式便民服务大厅、老年活动室、老年食堂、图书电子阅览室、健身房、棋牌室、疗养室、舞蹈室、影音厅、书画室等场所，室外的健身广场2个，小区内设2个乒乓球室和1个篮球场，几乎让居民在小区内就能享受到应有尽有的

居民学习太极剑

太极拳培训班　　　　　　　　　　　　　　　　　　　　　　广场舞队

全门类日常服务。社区居家养老服务中心为老年人提供生活照料、医疗康复、精神慰藉等服务，这些全方位服务不断提高了社区老年人的生活质量。

两条文化长廊，以室内文化走廊、室外墙体彩绘的形式宣传家风家规、道德礼仪、五水共治等内容。此外，居民之间互帮互助，成立了各种为老为小的"晶色"组织，为小区的老人和小孩提供各种专业化的志愿服务。小区的睦邻调解志愿者通过春风化雨般的工作，让人们在守望相助中获得浓浓的幸福感。有阵地就要有队伍，社区根据居民的自身爱好，成立了晶都毫情书画社、晶都炫彩艺术队、晶都之韵舞蹈队、晶都梦之声合唱队等16支文体队伍。

二、提升国际化社区融合度

一是通过文化引领实现共同治理。第一，开展了良好的语言文化互动。相继成立英语俱乐部、汉语俱乐部，让本土居民学英语、外籍居民

1	2
3

1. 多才多艺——可乐球
2. 多才多艺——舞蹈
3. 多才多艺——合唱

学汉语，互相提高沟通能力。第二，营造了浓厚的节日氛围。通过圣诞party等洋节活动让居民了解国外文化，通过春节、中秋节等中国特色节日让外籍居民写春联、学国学感受人文。第三，展示了优秀的传统文化。画扇面、做香囊、包粽子、国学讲堂、太极拳培训，加深了外籍居民对中国文化的理解。

二是培育社区精神，提升国际化社区融合度。通过举办线下的如"晶都杯"乒乓球赛、"亲子涂鸦"、文化走亲、暑期嘉年华等各类活动，为中外居民搭建展示平台，帮助社区建立了新型的邻里互助网络，增强了居民对社区的认同感和归属感。疫情防控期间，为了让居民们"宅"在家中也能运动起来，健身操队队长董英阿姨走进了社区"直播间"当起"女主播"，为"宅"家抗疫的朋友们带来了一次别开生面的健身操课程。

三、开拓创新，共建共享

一是合作共建。社区结对街道幼儿园、博文小学、长河初中等学校以及辖区早教中心，开展未成年人教育活动。结对区行政服务中心、城管中队、交警大队等职能部门，开展政策宣传、安全教育、应急演练等活动。浙商银行、杭州联合银行、国家电网等单位的服务进社区活动，也让社区居民足不出户就享受到了教育、医疗、金融、通信等行业服务资源。另外，结合在职党员到社区报到活动，社区根据在职党员的服务意向和居民群众实际需要，设定居住地社区服务项目与志愿服务项目2大类，40小项服务内容，300余名在职党员领办项目419个，涉及法律援助、公益宣传、结对帮扶、心理辅导、环境保护等服务项目。合作资源的共享，更大程度地提升了社区的国际化水平。

庆祝中国共产党百年华诞

庆祝建党100周年汇演

　　二是注重借势整合。国际化社区的青少年在各种思潮、文化的影响下，个性发展突出，具有多元的社会需求。基于此，晶都社区借势整合，"晶"色童年青少年活动中心与区流动青少年宫、辖区单位等合作，综合公共及私人单位资源，开设了基础教育类、美术类、书法类、文学类、综艺类、英语类、科技类七大类校外辅导课程。在这里，外籍居民争做志愿者，积极主动提供诸如绘本阅读、英语教学等公益服务，极大地满足了国内青少年的外语需要。

中老年书法学习班　　　　　　　　　　　　　　　　　书法班

元宵节趣味游戏

第二节　主要社团

社团是社区文化活动的载体。晶都社区十分重视培育社团，从各方面对社团给予帮助和支持。同时，推进社团自主管理、自我约束、自我发展，许多社团在助力居民老有所乐、邻里和睦等方面发挥了积极的作用，有的还在杭州市和滨江区的各种文化活动中表现亮眼，取得了很多荣誉。

一、邓阿姨歌唱队

邓阿姨歌唱队成立于2011年，以领队邓锡鹄命名，是社区及社区老年协会为丰富老年人业余文化生活精心组织成立的社团。目前，社团共有稳定成员54人，每年都有新成员至社区报到参加活动。

邓阿姨歌唱队成员是来自不同领域，有着不同年龄阶段、不同文化背景的人，因为同一个爱好聚集在一起。每周一、周五下午，不管天气怎样，在社区三楼会议室里总能看到一群歌咏爱好者齐声歌唱的身影，嘹亮的歌声展现了他们的激情和自信。和往年相比，2021年，歌唱队出现了许多新的"生面孔"，在众多女队员中有了"绿叶"的点缀，居民周师傅便是其中的一个，他说："在没加入社区歌唱队之前，我退休后经常做的事就是在家对着电视机练嗓子，自娱自乐。社区歌唱队有老师指导，通过一段时间的学习，我觉得自己的歌唱技巧有了很大的提高。"家住铂金名筑6幢的施阿姨也是2021年刚加入歌唱队的，她在歌唱队里找回了青春的活力，"没想到退休后我还能有'文艺范'，歌唱

邓阿姨歌唱队

队的练习丰富了我的晚年生活，让我们老年人有了自己独特的新时尚，感觉过得特有滋味。"长时间以来，他们唱老歌、唱红歌、唱新歌，唱得群情振奋、兴致勃勃，整理的歌谱都有好几本。

"我爱晶都，啊，第二故乡，这里生活充满阳光……"动听的歌声，在南岸晶都小区内徐徐飘荡，迎来阵阵掌声。这是2021年社区举办的邻居节活动上出现的一幕。歌唱队队长邓锡鹄和队员们一起编曲填词创作了一首《我爱晶都第二故乡》，充分发挥了邓阿姨的特长，把晶都社区的"中华林""休闲广场""社工"等都写进了歌里。歌唱队的队员们纷纷登台表演，唱出了老年人的热情，唱出活力、唱出精彩。

为了庆祝元旦，迎接新年的到来，2016年12月29日下午，晶都社区老年歌唱队开展了迎新联欢会。在歌唱队领队邓锡鹄的带领下，一曲《拜新年》边唱边跳，拉开了此次演出的序幕。本次演出的节目都是由歌唱队自编自演的，有男声小合唱、女声小合唱、男女声对唱、独唱等，其间还穿插一些其他表演，比如京剧、越剧、交谊舞等，内容丰富多彩，精彩纷呈。《洪湖水浪打浪》《送别》《北京的金山上》等歌曲的精彩演绎，将高低音色完美融合，充分展现歌唱队员精湛的唱功。阵阵掌声将现场欢乐的新年气氛不断推向高潮。

为提高社区老年歌唱队的歌唱水平，不断加强学习和训练，社区每年都会邀请艺校老师为歌唱队进行声乐培训。老师通过声乐基本功——气息开始指导，什么时候吸气什么时候呼气，什么时候要保持气息，在简单掌握了歌唱练习中的呼吸控制后，老师结合钢琴的配音，进行了单个音的发声训练。在节奏方面，有的人天生节奏感较好，有些则差点。老师则通过示范不同的用嗓或用气效果，帮助学员正确掌握和辨别发声技巧。2017年，歌唱队参加了长河街道纪念建党96周年歌咏比赛，进入复赛荣获优胜奖并在街道七·一大会上演出。

二、靓晶晶形体社

靓晶晶形体社，2013年由居民自发形成，随着社区活动场地的建造和队伍的不断壮大，2017年社区正式成立了"靓晶晶形体社"，现有成员63人，成员们都热爱健身、形体、舞蹈，有着共同的兴趣爱好。

晶都社区积极组织社团开展相关活动及培训，结合居民实际需求引导居民自主学习，丰富居民日常生活，同时，提高社区文化品味。社团负责人董英积极考证、学习及参加各类公益活动，带领成员们互帮互学，群策群力，使社团活动日趋丰富，呈现的节目也更加精彩。在社区的精心协调和负责人的用心经营下，社团活动细致周到，社团组织管理有序。

瑜伽课

瑜伽课

日常活动主要有：一是社团成员有着共同的目标，在学习兴趣之余，都乐意通过自筹资金购置专业设备及服装，每逢节日免费为辖区居民送上精彩的表演，通过晶都社区积极协调，社团交流、排练、演出有序进行。二是社团运作流畅，有着很好的管理模式。成员们关系和谐，除了一起上课学习之外，也会在生活中相互关心、相互帮助。三是社团学习氛围浓厚，每周会固定开展两次学习培训，成员们在家也会进行自主学习和训练。疫情防控期间，更是通过网络直播课的模式，不断坚持锻炼和学习。四是社团给辖区居民带来了满满的正能量，每次开展的学习，人员都会爆表，"活到老、学到老"的快乐氛围不断蔓延。2019年，社团被评为滨江区第六届优秀学习型社团。

三、晶之韵葫芦丝队

晶之韵葫芦丝队成立于2017年，虽然所有成员都是初学者、零基础，但是由于对葫芦丝的热爱而走到了一起。社团现有队员34人，平均年龄65岁。成员按住宅小区、楼幢分组，民主选出小组长4人，组成管理团队，负责小组的活动召集与开展。团队分工明确，责任到人。

建立社团的初衷是老有所学，老有所乐，老有所为，利用平台丰富老人晚年文化生活，结识交友，将葫芦丝这门具有民族色彩的器乐引进社区，让更多的朋友了解它，热爱它。

社团先后出台了社团章程、考勤制度等规章制度，明确了社团成员的权利和义务，并在工作实践中对各项制度不断完善。每年年初制订工作计划，按照计划实施。团队遵守学习和活动安排，除特殊事由请假外，规定学习时间不得无故缺席。所有队员平等相处，团结互助，除学习交流，提高葫芦丝技能之外的内容，队员间不议论、不传播不利于

葫芦丝班

葫芦丝队课后时间自己教授初学者

学习、不利于团结的负面话题。每周二上午9—11点为集中学习培训时间，主要采取互教互学形式，能者为师，会者帮教。每学期集中排练至少两首曲目，以达到同步同声，完整动听。其他业余时间，队员以自练自学为主，各自心得、吹奏曲目可在群里交流，互相取长补短。在没有师资时，通过网络因地学习，每个基本知识、基础技巧多听、多练，熟能生巧。

每个学期，社团举行两次学习交流活动。人人参加，大家既是演奏者，也是点评者，形成"一帮一""少带多"，互学互促。这样的活动对鼓励、鞭策学员主动自觉训练帮助较大，同时又培养了集体荣誉感和团结协作精神。

社团自成立以来，已多次参加社区邻居节、年度迎新、学期结业、区街级汇报演出等活动，得到了领导和居民的一致好评。此外，晶之韵葫芦丝队现已被评为滨江区第五届优秀学习型社团，在社区范围内有较大的影响力。

葫芦丝作为我国传统民族乐器，正以它独特的魅力和作用提升老年人的生活品质，滋养和愉悦大众身心。吹出一首首快乐乐曲，让更多居民享受葫芦丝"轻、飘、柔"的天籁之音，吹响社区居民的快乐乐章。

四、梦之声女子合唱队

2018年年初，雷菊英老师等几位音乐爱好者组建成立了"晶都梦之声女子合唱队"。这支队伍是在没有专业老师的指导下，仅凭全体队员对合唱的热爱，在队长雷菊英的带领下摸索着成长。建队至今，合唱队在不断地发展壮大，从一支十多人的小合唱队，发展到现在，有30多名队员，平均年龄60岁。

声乐班

旗袍走秀班

梦之声女子合唱队有严格的训练计划。团队排除万难，努力克服合唱零基础的困扰，从理论上去认识合唱的真谛，从实践中去探索发音方法、发音位置，力争音色、音准、节奏尽可能标准化，从而使两个声部逐步达到和谐、统一。为了更快地提高合唱水平，队员们实行一周两次雷打不动的集训，更是利用闲暇时间坚持每周一、三、五在家自练，再各自将练习成果分享到群里，通过雷队长的点评和指导来提升大家的演唱水平。

梦之声女子合唱队通过刻苦训练，取得了意想不到的成绩。在社区的支持和鼓励下，团队经常参加社区主办的各种活动，如庆党生日演出、邻居节等等，还进行了多次助残爱老活动，为辖区居民送去了歌声和欢乐，得到了社区领导的认可和群众的交口称赞。在2019年，从滨江区38支队伍中脱颖而出，有幸参加了滨江区举办的"七十"华诞大庆，为祖国七十华诞而高歌，还应杭州电视台综合频道"健康朋友圈"栏目组邀请，进行了多场公益性演出，把欢乐传递到需要关心的人心中。在疫情防控中，团队参加了滨江区组织的线上"围炉战'疫'"文艺活动，还收获了荣誉证书。

梦之声女子合唱队还是一支热爱生活的团队。从建队至今，坚持每月一次户外活动，北高峰、白马湖、钱塘江、西子湖畔等地都留下了队员们快乐的足迹、放声高歌的身影。此外，队员们还一起举杯聚餐，一起分享音乐，一起锻炼身体，愉悦身心！

梦之声女子合唱队还信奉和谐社会、友好邻邦、快乐家园的宗旨。应各社区的歌友之邀，经常参加联欢联谊活动。团队不仅对外有爱心，对内也是相互支持，共同进步。队员们不辞辛苦、无私奉献的精神造就了团结一心、健康快乐的团队！

五、晶都小乐队

晶都小乐队成立于2016年，现有队员30多人，民族乐器种类有二胡、月琴、笛子等，管弦乐器有萨克斯、电吹管、电子琴、架子鼓等。每周一、周四上午为乐队活动日，活动地点在社区四楼大会议室，活动以乐器演奏、练习培训为主，课上还穿插唱歌、舞蹈等活动。自小乐队成立以来，已多次参加社区邻居节、年度迎新、学期结业、区街级汇报演出等活动，尤其在2021年建党100周年之际，小乐队多次的精彩演出更是得到了领导和居民的一致好评。

小乐队大部分队员都积极参加社区义务治安巡逻、垃圾分类及"守小门"防范电信诈骗宣传等志愿活动，还参与了平安滨江宣传的微视频拍摄、社区反网络诈骗宣传的视频拍摄，分别在社区各小区宣传栏播出，受到了居民们的广泛好评。

第三节　社区文化社团优秀带头人

社区文化社团能不能有良好的发展，能不能得到居民的喜爱，能不能团结和带领居民丰富精神文化，关键看社团的带头人。晶都社区的文化社团有一批优秀的带头人，他们有能力、有情怀、有热情，在他们的带领下，晶都社区文化活动举办得有声有色。

1. 李华（2021年滨江区第七届"百姓学习之星"）

在晶都社区有这么一位老人，她心胸豁达、待人直率真诚、能歌善舞、多思进取，她经常穿梭于社区、忙碌于社区、奉献于社区，将"退休不褪色"的精神写入人生，她就是晶都社区的居民李华。

活到老，学到老，建立终身学习的理念。生活中，很多人的手机里存放的都是电影视频等娱乐节目，利用坐车的途中、回家的路上通过观看小视频、娱乐八卦来排解自己工作生活中的烦恼。而在李华的手机里存放的却是歌曲、古诗朗诵、舞蹈视频、歌唱视频等等。李华在做饭时、晚上散步时、买菜时倾听歌曲练习发音；通过学习各种舞蹈动作和视频提高自身的舞蹈水平；通过聆听朗诵者的标准发音来提升自己的普通话水平。除此之外，她还会抓住社区里一切可以学习的机会，进行自我提升，在她的努力下，她学会了唱歌、唱戏、弹琵琶、吹葫芦丝、练体操、跳交谊舞、花样踢球等诸多技能，成了社区里妥妥的"文艺骨干"。

学以用、有所为，言传身教示范树表率。坚持不懈的学习不仅让她

李华（前排右一）

交谊舞班

成了能歌善舞的人，她还积极参与社区的各项比赛活动，从而获得了更多专业老师的肯定。近几年来，她参加的大大小小各种比赛有30次以上。有文艺类、广场舞类、健身运动类、健身球类、可乐球类、趣味运动类等多种类别，分别获得了一等奖、二等奖等优异成绩。2017年，李华参加"舞出青春"杭州广场舞大赛获一等奖；2018年，参加滨江区组织的"我运动、我健康、我快乐"健身球比赛荣获二等奖，参加长河街道"古韵新声　律动长河"系列活动之文艺宣传专场演出；2021年，参加滨江区妇联举办的"百年华诞、普天同庆"庆建党100周年唱歌比赛荣获第一名。与此同时，她还心怀感恩之心，学以致用，用言传身教示范表率、带动和感染身边的人自觉参与到学习中来。

为了让社区里更多的人参与到"文艺"队伍中，李华在2019年接手了一支交谊舞队，从只有八九个人的队伍，逐渐发展到拥有30人以上的庞大队伍。庞大的队伍并没有让她骄傲和自豪，她总是把台上展示的机会让给身边的人，自己默默地站在最后一排观察着整个队伍舞蹈的状态，每当身边的人提出不同意见时，她总是谦虚地接受并改正。她这种谦让、替他人考虑的优秀品质也影响着队里的每个人，每个队员也都互相谦让、互相学习。在这样的氛围中，这支交谊舞队伍的每一位队员越来越团结、越跳越专业，并且在随后的几年内，在社区的比赛中获得了优秀的成绩。

二、喻林木（滨江区第三批"社区好老师"）

喻林木从2017年至今，一直担任晶都社区葫芦丝队的教师，同时，他还是葫芦丝队的队长，零基础的他先自学、再教学，将爱心、耐心、责任心在团队教学中体现得淋漓尽致。学员从2017年的只有几人发展

喻林木

壮大到如今的30余人，这其中都是喻林木的辛勤付出。尤其每学期新加入的学员总能在他的悉心教导下迅速融入葫芦丝队的大家庭。同时，他于2019年被选为晶都文化站16个团队的副站长，负责16支团队的和谐管理。此外，他还积极带领学员们参与社区一系列的志愿者活动，如公益平安巡逻、文明督导、垃圾分类等等。同时，他每年还会组织葫芦丝队参加市、区的各种活动，如去敬老院、康复医院为病人或老人表演等。葫芦丝队的队员们在他的带领下，经常参与社区建设，得到了居民的喜爱。2019年，葫芦丝队被评为滨江区社区示范性学习型优秀团队，2020年，葫芦丝队被评为杭州市社区示范性学习型优秀团队。

三、董英（夕阳红先锋队优秀党员）

董英是土生土长的本地人，也是一名共产党员，喜欢各类运动并学会了一些运动方面的技能。早些年为了挑战自我，还报考了"全国社会体育二级指导员证"和"排舞教练员证"，参加了全国排舞大赛以及各种大型活动，代表社区、个人获得了不少市级、区级、街道级的奖项。

靓晶晶形体社在2013年时就已初见雏形，但鉴于当时活动场地有限，未能进行系统性和规范性的开展或教授。自2017年社区有了一个更好的运动场地后，董阿姨就一心想要为社区以及居民朋友做点力所能及的事情，于是，她就开始着手为这个"初心"来拟定方案，从辖区居民，特别是退休在家、帮忙带孩子的老年群体来了解他们的情况和需求。而后，她积极向社区反映了大家的需求，想要开一个大家普遍都能够接受的、简单的、既能健身强体又不分年龄的一项活动，最终选定就是靓晶晶形体社。形体社经过多年的发展，队伍不断壮大，目前已有成员63人。

　　董阿姨还利用空余时间，积极到培训机构学习旗袍、形体、瑜伽等知识，学会后经过自我消化和整理，再通过通俗易懂的方式教授给大家，因怕时间长了大家难免会觉得有些枯燥，因此经常会结合些新技能，交换着来教大家一些旗袍站姿、形态方面的基础动作。大家也觉得这很新鲜，也都很愿意学，学得十分快乐！

　　当然，在教授和学习的过程中，难免会产生一些小摩擦、小矛盾，但最终经过她的努力后都能被一一化解。自队伍成立以来，从未发生过不和谐的大矛盾或大纠纷，大家都是很和谐地相处，其乐融融。在防控新冠肺炎疫情的特殊时期，她还专门开设了网络学习云平台，在线上与大家进行一些互动，鼓励大家一起居家运动、强身健体。

董英

社区召集建筑单位与住户协调会解决矛盾

第二篇　不断提高居民生活品质

　　晶都社区充分发挥党组织的核心引领作用，紧紧围绕建设"居民自治、管理有序、服务完善、治安良好、环境优美、文明祥和"的和谐社区目标，根据社区实际创新管理，实施社区所有老旧小区的庭院改善工程，加强居家养老服务并开设老年食堂，整合辖区资源，最大限度新建居民活动场所，建立社区网络沟通平台，不断提高居民生活品质。

第一节　充分发挥党组织核心引领作用

一是班子团结务实，发挥表率作用。社区党总支班子和全体社工以"效能亮剑，打造群众满意工程"等活动为工作载体，全体社工认真务实，廉洁高效，班子领导与成员根据分工抓好职责范围内的各项工作，相互配合，分工不分家。主要负责人每周定期召集班子成员学习工作例会，学习最新政策文件，安排一周工作，检查上周工作的落实情况，疑难问题班子集体研究解决，实行一把手负总责督促各项工作任务的完成。

二是构建区域联合，提升党建共建水平。社区党支部结合辖区单位的特点，积极组织开展区域化党建研讨会、交流会等形式多样的共建活动，着力形成资源共享、服务共建机制。社区与长河街道幼儿园、博文小学、长河初中结对，开展未成年人教育活动，健全完善学校、社区、家庭"三结合"的未成年人思想道德教育网络。2021年，开展了青少年暑期消防安全演习及讲座、组织安排参观低碳科技馆、开展"我是图书管理员"等活动，为青少年提供暑期实践平台。与长河卫生院联合，定期为辖区内残疾、慢性病人、独居孤寡老人等人群提供服务。不定期开展大型党员专家义诊活动，组织健康讲座，加强居民培养健康生活习惯的意识。联合国家电网开展电力服务进社区活动。同时，以党建带工建、团建、妇建，联合工会开展"春风行动"、创建"劳动关系和谐"社区；联合团总支开展"青年志愿者服务"，建立了鹊桥交友俱乐部；联合妇联组织开展婆媳运动会、亲子游戏、"低碳家庭创建"等活动，较好地实现了社区各级组织与社区的有效融合，形成了社区资源和社会资源的良性互动。

三是加强党员队伍教育管理，发挥党员先锋模范作用。开展党员远程教育、市民学校白马湖大讲堂学习活动，推动"学习型组织"建设常态化、规范化、制度化，促进党员干部进一步统一思想、开阔眼界、丰富知识、提升素质。除了开展菜单式培训，社区结合工作实际，开展专项讲座，以及专项研讨，增强活动的实效性和针对性。整合远程教育资源，充分利用互联网搭建党员教育新平台。建设流动党校，及时将党的方针政策传

1　1. 入户走访
2　2. 慰问老人
3　3. 推进二次供水改造

递到每一个家庭、传达给每一位党员。

坚持每月一次的党员活动、学习日，组织开展学习讲座，红色之旅；道德模范、先进事迹学习；组织开展党员结对寒门学子爱心捐款活动。全体党员带头示范开展爱绿护绿活动，成立了党员骨干平安文明劝导巡逻志愿队。全体党员在文明创建、庭院改善、卫生整治、平安巡逻、爱心捐赠、社区文化、志愿服务等各项公益活动中，表率作用发挥较好，个个争当先进，人人争创示范，真正体现了党员服务群众的良好氛围，党支部的凝聚力、战斗力不断增强。

不断加强党的活力，增加新鲜血液。开展入党积极分子向全体党员汇报思想、学习、工作、品德情况和老党员结对培养入党积极分子活动，以党员表决制形式，做到成熟一个，发展一个。

四是社区党支部切实加强对小区自治组织的引导和指导，形成"社区、业主委员会、物业公司"三位一体的小区自治管理模式，建立了三方例会沟通制度、重大事项汇报制度、指导督促制度、整改提高制度，小区管理逐步向"美化、洁化、亮化、序化"的要求发展。各小区业委会成员在小区管理、庭院改善、物业招聘、物业费收缴、业主需求等各项工作中认真协调、认真督促、无私奉献，充分发挥了小区自治组织的自我管理、自我服务、自我监督的自治作用，小区建设和谐稳定。

第二节　整合资源为居民办实事

一是让晶都社区居民共享滨江发展成果。全面实施社区内除南岸晶都小区以外其他三个老旧小区的庭院改善工作，同时对长期无物业管理小区落实了长效的物业管理，使改造后的小区整洁有序，面貌焕然一新，居民的生活质量和小区的环境面貌有了较大的提升。

二是创建条件修建居民活动场所。晶都社区因地处集镇中心，土地利用率高，再加上区域内规划建设时间差的问题，楼盘开发和基础设施配套中基本没有考虑居民体育健身的活动场所问题。为此，社区用了一年多时间，在街道和长二社区的大力支持下，在南环路边向长二社区借地建造了居民健身休闲小广场，设置了居民活动用的排舞锻炼场地、儿童健身场地、成人健身场地等，是长兴苑区块居民室外休闲健身的唯一场地，目前已建成并投入使用。

三是整治脏乱环境，绿化带夹建健身场所。长河路边南岸晶都小区东边的绿化带因长期疏于管理，杂草丛生、卫生脏乱差的情况严重。社区通过多次与小区业委会成员、居民代表座谈、恳谈，设想改造小区围墙外绿化带。在征得小区业委会成员、居民代表同意后，由业委会负责做好小区业主的解释工作，社区负责落实实施，总面积为约1400平方米的绿化带得以全面重新建设，现已投入使用。整治提升功能为居民室外跳舞场地，健身器材设施，健身路径等休闲健身功能，使居民在有限的资源下，尽可能地创造条件，适当满足居民健身锻炼的需求。

四是借用滨安诊所，让居民享受到便利的公共卫生服务。2021年

$\dfrac{1 \mid 2}{3}$

1. 为外来务工者提供避台风场所
2. 对居民进行垃圾分类宣传
3. 防雪抗冻

初，社区根据居民代表提出的要求社区成立社区卫生服务站的要求。因晶都社区距离街道卫生服务中心在15分钟生活圈内，按要求尚未具备设立卫生服务站的条件，再加上社区没有适合开办卫生服务站的用房，为此，社区多次向街道卫生服务中心提出申请，一致达成了由街道卫生服务中心有偿委托私营滨安诊所为辖区居民开展无偿的公共服务，常年开展测量血压、测量血糖、建立健康档案、管理慢性病、健康教育、健康咨询等系列服务，真正使老百姓在私人诊所享受到公共卫生服务，解决了居民就近就便就医的实际需求。

五是利用现有的社区办公场所，最大限度地作为居民服务场所。社区仅有1000平方米左右的办公场所，约90%用于居民娱乐、体育、健身、办事的公共服务。统筹整合社区用房，在现有社区公共服务场所的基础上，增加了约40平方米的少儿之家活动场所，是辖区0—6岁幼儿活动的好去处，受到了居民的一致赞同。

六是进一步推进社区老年人的居家养老服务。采用政府补助、企业让利的办法，与杭州简吃餐饮服务有限公司晶都店联合，借用简吃场地，开办老年食堂，规定：户籍在本社区的60周岁以上老年人可以享受简吃餐饮4折优惠；常住社区一年以上的70周岁以上老年人凭老年证、居住证享受简吃餐饮3折优惠。符合上述两个条件的老年居民需到社区领取老年人就餐卡片和专供老年人就餐的食堂充值卡。充值卡每月最高限额为500元，只限持卡人（老年人）本人使用，不得转借，不得打包。对确有实际困难的，如卧病在床或高龄老年人可向社区提出送餐要求，由社区安排帮助送餐上门。切实解决社区老年人因子女不在身边而存在就餐困难的问题，受到了老年居民的一致好评。

第三节　确保社区和谐稳定

一是牢固综治防线，确保社区和谐稳定。在社区居民的热心参与下，成立了白天、晚上两支义务平安巡逻队。2021年，长河派出所根据"三网合一"工作要求，增加社区警力，专门配备社区民警一名，协警一名，切实为辖区居民提供平安保障。同时，社区加强对流动人口、群租户的管理工作，社区依照56569服务模式每月对流动人口进行上门调查、登记，并和每户群租户签订了安全责任书，清查三合一场所，确保小区安全有序。2021年全年无重大案件发生，发案率较2020年有所下降。

社工按56569服务模式，重点关注9类重点服务对象的稳定工作，做到发现一起解决一起。利用社区"治保主任、钱塘老娘舅、社区民警、巡防队员、义务治安巡逻队、流动协警"的治安一条龙，"链条式"服务网络体系，努力将矛盾化解在萌芽状态。2021年全年共受理各类纠纷29起，调处29起，调解成功率达100%。

二是关爱弱势群体，共享和谐生活。社区时刻关注困难家庭、残疾人、失业人员、老年人的生活情况，始终把弱势群体工作作为社区的一个重点来抓。在帮扶救助方面，社区针对2户困难家庭按困难程度分别申请了低保户和街道困难户，为4名残疾人分别申请了教育、医疗、卧瘫残疾人专项补助，还为卧瘫残疾人家庭安装了无障碍设施。同时，社区党员还和上述人群结对，并在重大节日走访慰问。在关爱老人方面，社区为7名生活不便的老人申请购买了居家养老服务，并对辖区70周岁以上老人、离休干部、住院老人进行走访看望，不定期开展大型义诊、健康讲座、健康检查等活动。在劳动保障方面，社区积极做好各类培训、政策咨询、提供就业信息、挖掘就业岗位等服务，2021年有10名失业人员已实现了再就业，17名失业人员享受到了灵活就业补助。

志愿者为社区居民义务磨刀

志愿者为社区居民义务缝补

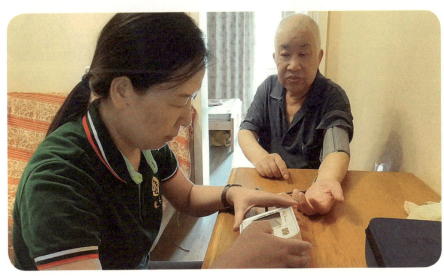

志愿者上门为社区居民测量血压

第四节　繁荣社区文化，凝聚居民人心

　　文化是凝聚社区群众的重要纽带，社区坚持以活动为载体，用文化凝聚人心，有效地改善了社区文化环境，丰富了居民的业余文化生活，提升了晶都社区的文化层次。

　　一是扩大社区文体队伍。加强社区文体队伍建设，是开展社区文化

为社区居民放映露天电影

举办银龄舞会　　　　　　上门慰问高龄老人

工作的重要保证。社区自成立以来，文体队伍发展十分迅速，2021年社区在已有的文体队伍基础上新增了女子舞龙队、腰鼓队、老年歌唱队、健身操队共4支文体队伍，新增文体骨干约30人，给社区文化增添了新的活力。

二是以节庆假日为契机，广泛开展群众性文化活动。元旦，社区开展"迎新春、庆元旦"联欢会，广大居民欢聚一堂；春节，社区开展了写春联、送春联活动，为居民朋友送去了新春的祝福；正月初一，开展迎新年登冠山活动；元宵节开展猜灯谜、吃汤圆活动，让居民朋友享受传统佳节的快乐；端午节，开展端午文艺演出，为居民送上文艺大餐的同时送去了由小区居民自己包的粽子让大家一同品尝。

三是针对不同群体开展特色文化活动。重阳节开展了老人趣味运动会；在男性健康日开展了"关注男性健康，构建家庭幸福"活动；针对育龄妇女开展了健康知识讲座、女性养颜知识讲座、"生育文明之歌"巡回演出；针对青少年开展了观看科普电影，普及科普知识、家庭艺术作品展览等活动；针对幼儿开展了亲子趣味活动；等等。此外，还为全体居民带去了邻居节大型文艺演出活动、文化活动下基层、送戏进社区电影巡映等一系列独具特色的文化活动。

四是扩大社区文化活动影响面。社区文体队伍不仅参加由区、街道举办的各类比赛，还走进其他社区，带去了精彩的文艺表演，社区太极拳队参加了长河街道举办的闹元宵"太极拳健身大PK"活动，和其他社区的太极拳队进行了PK交流，提升了水平。社区舞蹈队参加了由区环保局、区妇联举办的"绿色消费我行动"大型文艺活动，带去了舞蹈《春天的故事》，并在区邻居节展示活动上凭借此舞获得了文艺节目三等奖。

网商路改造后

第三篇　构建"56569管理服务机制"

2011年，晶都社区创新社区管理服务，构建了"56569管理服务机制"，目的是要动员全体居民都来关心和参与社区建设，营造"社区是我家，建设靠大家"的和谐氛围，最主要的还是要促进全体社工辛勤付出和党员骨干率先发挥示范带头作用，引导居民参与社区建设，共同维护社区的和谐稳定。"56569管理服务机制"和实际的工作效率，得到了浙江省、杭州市、滨江区各职能部门领导的高度肯定。滨江区把这个做法在各社区、村进行了全面推广。

第一节 管理服务的创新点

社区工作牵涉千家万户，事关千头万绪，有的甚至是"针头线脑"，非常琐碎，但又与居民的日常工作和生活密切相关，直接影响到居民是否安居乐业。面对多元化诉求、网络化生存的新趋势，迫切需要创新社区管理服务。"56569管理服务机制"就是晶都社区管理服务的创新，是社区为更好地服务居民建立的一项长效的工作机制。具体内容为：

——建立五种信息是社区开展一切工作的基础。因为社区工作关键是抓好人的管理和服务，只有摸清住户的各种信息，才能有针对性地开展社区的各项服务工作。

——结对六类不同群体，充分发挥以社区党支部为核心，社区居委

"百千万"走访联席会议　　　　支委会扩大会议

社区党总支书记郑立萍面对面倾听
居民呼声

社区物业、业委会会议

会为主体的居民骨干参与的自治和自我服务的功能，密切关注重点服务对象民情，根据居民分布情况，社工按网格化分片要求，由社工及楼道长全方位及时把握楼道各住户的情况。做到第一时间掌握民情，第一时间介入服务，第一时间解决诉求。

——提供五种通讯方式，极大方便社工与骨干、社工与居民、骨干与居民的工作联系和沟通。有些事直接用电话就可以说清和办妥，大大提高了居民、社工、骨干的办事效率。

——组建六支志愿服务队伍，鼓励热心居民参与到社区建设工作中来，发挥居民自娱自乐、群防群治、自我管理、自我服务、自我监督的自治作用，增加社区的和谐氛围，激发居民参与社区建设的活力。

——摸清九类重点服务对象，主要是需要社区重点关注照顾和影响稳定的工作对象，有重点地开展工作，减少不和谐的因素。力争把突出事情发现在早、处理在小。

第二节 寓服务于管理之中

通过建立"56569管理服务机制",寓服务于管理之中,更为切实有效地推进社区建设和服务:一是开展"三网合一、整合资源",深化"网组片"建设。以基层党建网、综治网、信访网"三网合一"为载体,通过科学服务网格、高效服务团队、信息管理平台、合理工作机制推动将为民服务向纵深发展。二是开展社工走访服务,推进"产城融合"主题实践。走访工作是社工服务居民、了解民情的基础和途径。社工每月走访片区居民,着重对九类重点服务对象进行摸排和关注,发现问题做到小事不出片区,大事不出社区,发现一起处理一起。社区每周召开例会听取走访情况,了解社情民意,掌握社区动态。对走访过程中不能解决的重大问题,共同研究对策,妥善解决方案。同时,社工走访作为社区工作重要考核内容之一,被纳入满意度考评机制,作为社工业绩的重要组成部分。三是开展多岗锻炼,实行早八晚九错时上班制度。社工一直扮演着"群众联络员、为民办事员、政策讲解员、服务宣传员、舆论收集员"的多重角色。为了能做到服务全覆盖,社区办事大厅推行了早八晚九错时上班制度,通过延时上班,安排部分社工在晚上及假期值班,服务上班一族。为督促每名社工更好更主动地服务居民,社工实行多岗锻炼,值班期间居民办事原则上由值班人员办理。遇到特殊、难解情况,向主要领导或主管社工问清情况后给予答复,让居民不白跑。大厅设置满意度评价器,日常处理及值班处理情况均进行满意度测评。四是开展信息化办公,切实提升办事效率及方便度。通过社区

1	3
2	4

1. 检查餐饮环境卫生
2. 城管整治商铺出店经营
3. 防诈骗宣传
4. 整治商户环境卫生

"56569"网站，无论是上班忙碌的居民，还是身在外地的居民，都能进行实时互动交流。居民通过登录网站—点击咨询按钮—反映事项，网络上的问题就能直接反馈至社工电脑，社工能第一时间答复。此外，除电脑回复外，网络已捆绑到每个社工手机上，能直接在手机上回复，真正保证24小时回复。对问题处理是否满意，居民也可以在网上对社工进行评价。五是开展社区居民满意度测评，促进社区和谐发展。更好地促进社区改进工作态度，提高办事效率，尽心尽力地为民服务，社区对入户走访、大厅服务、网络平台都进行满意度测评，每月自动汇总，定期抽查，作为社工进行全年的绩效考评的主要依据，对测评满意度在90%及以上的视为满意。进一步细化深化细则，提高服务水平。

第三节　主要成效

一是梳理五项信息，"民情台账"成"服务群众档案"。通过5种信息的摸底，使社区获得更为准确的第一手信息，为社区服务居民奠定了良好基础，营造了和谐的社区环境。与此同时，该社区变"民情台账"为"服务群众档案"，利用户籍、业主信息，了解人员构成情况，为居民提供少儿医保、老年医保，为失业人员提供就业信息，解决幼儿入学入托问题等各类服务。以"一个党员一面旗"为标杆，促进党员在社区各类创建、庭院改善等工作中发挥先锋模范作用。如南岸晶都11幢王老，曾担任某话剧团团长，在社区的鼓励和支持下，他充分发挥自身特长，指导社区文体队伍，并在建党90周年之际缴纳特殊党费2000元，还主动为小区癌症病人捐款，以实际行动体现党员服务群众和关爱弱势群体的先锋作用。

二是深化结对联系，做到了"三必访、六必到"。按照"网格化管理、组团式服务、片组户联系"民情联系服务制度，明确社区工作者的"责任片区"职责，要求社区工作者对社区居民家庭实行"三必访、六必到"。"三必访"即对普通家庭每年必须走访2次，对困难群众、残疾人家庭、暂住人口、失业人员及其他重点帮扶人员每月必访，对独居老人等特殊人员每周必访。"六必到"即居民家庭有变故必到、居民突发生活困难必到、社区突发事件必到、邻里发生纠纷必到、群体利益存在冲突必到、社区发生治安案件必到。社区以"社区老娘舅"为主线，及时调解群租户噪声、婆媳问题等矛盾。充分发挥以社区党员、楼道长、

社区民警送服务入企业

老娘舅公益调解服务

居民代表为骨干的政策宣传员、民情信息报告员、邻里关系协调员、安全卫生维护员、社区服务监督员的作用，做到"六必报"：公共设施损坏必报、外来人员流入必报、新增孕妇必报、居民房屋出租必报、有安全隐患必报、有不稳定因素必报。如南岸晶都21幢某住户因煤气未关锁门外出差点引起火灾，正是由于居民代表报告及时，第一时间做出应急处理，才未酿成重大事故。

三是加强沟通联络，完善了"三位一体"服务机制。通过民情联系，提供通讯联系方式，进一步健全社区党组织、社区居委会、社区公共服务工作站"三位一体"管理服务体制，全面推进"一门式"办事服务大厅建设，明确"3类10项"服务职能，即"传统服务、公共服务、社会服务"3类服务和党员先锋、帮扶救助、民政事务、社会养老、环境美化、科教文卫、劳动保障、综合治理、社会组织等10项为民服务项目，形成横向到边、纵向到底的服务内容体系。与此同时，针对5种通讯联系方式的使用实际，社区还建立了"楼道长三天一摸底，片长一周一汇报，社区一月一总结"的快速工作机制，及时了解居民诉求，有的放矢，提高工作效率。

四是搭建活动平台，形成了多元化服务模式。依托志愿服务队伍，定期开展义务服务。目前，社区6支志愿者队伍共有80多人参与，在维护社区治安、加强计生管理、推进文化建设等方面发挥了重要作用。丰富活动载体，加强社区文化服务。抓住建党90周年契机，通过举办文艺演出，参观革命烈士纪念馆等形式，宣扬红色文化。积极开展"晶都杯"乒乓球赛、"婆媳运动会"、"晶都杯"气排球邀请赛、"亲子涂鸦"课堂等各类文体活动，为居民搭建展示平台。以区邻居节为契机，深入开展"社区连着你我他，和谐邻里一家亲"邻居节系列活动，建立

为商户举办财务讲座

健康讲座

新型邻里互助网络，增强居民对社区的认同感和归属感。针对居民需求，开展青年人交友服务，成立"鹊桥交友俱乐部"，为未婚青年搭建一个良好的交友平台。

五是注重分类管理，提升社区跟踪服务效能。围绕9种重点服务对象，将服务对象的信息按小区、楼幢、单元进行分类管理，以来访、电话、网络、交办、走访、报告等为主要渠道受理各项具体工作，由社区工作者按工作职责承担专项服务的受理、分类、落实、反馈任务，为相关群体提供优质、高效、便捷的服务。同时，建立以"后台追踪、全员考评"为主要内容的绩效追踪机制，对社区为民服务情况（特别是对9类重点服务对象服务情况）进行随机抽查、实时回访、动态监督。通过"建制度""盯人头""深交心"，社区对9种重点服务对象的服务效果十分明显。

建筑工地消防演练

第四篇 创建全国和谐社区建设示范社区

　　2013年，晶都社区在原有工作扎实推进的基础上，着力推进社区管理创新、推进社区平安建设，努力建设社区居民自治的和谐社区。通过多元化参与为构建和谐社区形成合力，精细化管理为构建和谐社区提供保障，人性化服务为构建和谐社区搭建平台，民主化建设为构建和谐社区创造条件。2014年，晶都社区被评为全国和谐社区建设示范社区。

第一节　多元化参与，为建设和谐社区形成合力

形成合力是建设和谐社区的基础，晶都社区在创建全国和谐社区建设示范社区过程中十分重视凝聚各方力量，通过有效的组织落实和活动安排，形成党建共建合力、在职党员合力、群团和社会组织合力，从而有效地推进建设和谐社区的各项工作。

一、形成党建共建合力

社区党总支以密切联系群众、服务居民为主题，构建以社区党总支为基础、辖区单位党组织和全体党员共同参与的区域化党建格局。一是发挥党员民情联络员作用。完善以社区党组织为核心的社区组织网络，建立小区、楼道党支部，鼓励每位党员联系5—8户居民，使党的工作辐射到全社区。二是鼓励非公有制企业建立党组织。社区对辖区内非公有制企业等进行调查摸底，鼓励具备条件的企业单建或联建党支部，实现党组织的工作覆盖。三是开展形式多样的为民服务活动。利用白马湖大讲堂、市民学校等活动阵地，定期开展学习教育活动；与长河街道幼儿园、博文小学、长河初中结对，开展未成年人教育活动，并组织学生参与社区建设，健全完善学校、社区、家庭"三结合"的未成年人思想道德教育网络；与长河卫生院联合，定期为辖区精神残疾、慢性病人等人群提供服务；联合国家电网开展电力服务进社区活动；与城管中队、交警大队联合开展科普周活动、汽车检测进社区活动；发动辖区单位共青团提供青年志愿服务，与社区独居、孤寡老人等弱势群体结对，开展

义务治安巡逻

公民爱心日捐赠　　　　　党员志愿者清理无物业小区楼道垃圾

"多助一"帮扶活动。

二、形成在职党员合力

社区现有164名在职党员到社区报到。社区党总支根据在职党员的服务意向和居民群众的实际需要，共设定居住地社区服务项目与志愿服务项目两大类，40小项服务内容。截至2021年底，在职党员领办项目419个，涉及法律援助、公益宣传、结对帮扶、心理辅导、环境保护等服务项目。同时，根据在职党员的专业特长、工作单位情况，社区党总支成立爱心助教、义务巡逻、卫生整治、医疗保健等7类专业队伍，分为长河街道小组、学校小组、行政服务中心小组等8个小组，让在职党员在承担这些项目中实现自身对社区共建的责任。此外，根据在职党员了解政策多、思维方式新、组织能力强、专业领域强的特点，社区党组织将在职党员职业特点和个人专长与社区实际充分结合起来，不断创新活动载体和活动方式，丰富在职党员服务社区的内容。

一是开展公益服务，服务社区建设。开展清洁家园、迎动漫卫生整治、文明楼道等环境卫生整治活动，建设美丽和谐的宜居环境，倡导文明新风；发挥农业局、科技厅等单位党员的专业领域知识，组织开展科普宣传咨询、农产品安全检测、赠送阳台蔬菜种子等活动，为居民普及日常科学知识。

二是开展志愿服务，服务社区居民。在职党员参加夜间义务治安巡逻队，坚持每日巡逻；开设青少年暑期辅导班，发挥高校老师作用，为青少年辅导物理、数学、化学、语文、英语等科目。

三是开展爱心服务，服务弱势群体。区行政服务中心在职党员结对社区困难户，并发挥工作岗位特长为困难户医保、劳动保障等提供专

"一盔一带"安全守护活动

"一盔一带"安全守护行动

业帮助；开展认领微心愿活动，根据党员专长和能力，完成居民的微心愿。

三、形成群团和社会组织合力

——充分发挥工会、共青团、妇联、老年协会等群团组织优势，为不同居民提供针对性服务。如：针对幼儿，妇联组织各种形式多样的亲子活动；针对青少年，共青团组织开展红色之旅、参观低碳科技馆、举办暑期辅导班、开设消防讲座、低碳进社区等健康有益的暑期活动；针对单身男女青年，共青团成立鹊桥交友俱乐部，组织开展烧烤Party、唱歌我最棒等交友活动；针对老年人，老年协会组织老年趣味运动比赛、茶话会、登山等深受老人喜欢的文体活动。此外，共青团组织青年志愿者定期上门探望社区老人；针对育龄妇女，妇联开展B超检查、养颜知识讲座、和谐家庭讲座、开设婆媳课堂、开展婆媳运动会等活动；针对弱势群体，工会开展"春风行动"等送爱心活动。丰富的活动、周到的服务让居民享受到了全面的关心。

——形成志愿者队伍合力。发挥党员、楼道长、业委会成员、居民代表等社区骨干人员作用，社区组建安全卫生监督志愿服务队伍、义务治安巡逻志愿队伍、义务计生联络员志愿队伍、义务文体骨干志愿队伍、拆违控违志愿服务队伍、青年志愿者服务队伍等6支志愿服务队伍，积极开展组团式服务。截至2021年底，社区志愿者队伍共有300余人参与，在维护社区治安、加强计生管理、环境卫生、志愿服务、推进文体建设等方面发挥了重要作用。

——形成物业、业委会合力。社区建立了居委会、业委会和物业"三位一体"管理机制，在明确各自职责的基础上，三方协作。业委会及时向物业公司反映居民的意见要求，社区指导、督促物业公司抓落实，物业公司在社区和业委会的支持监督下做好工作。三方建立例会沟通制度、重大事项报告制度、指导督促制度、整改提高制度等4项制度。制度的建立与执行，在社区创建工作当中发挥了重要作用，同时也为居民解决了诸多问题。如通过例会沟通制度，协调南岸晶都小区停车难问题，新增车位296个；通过重大事项报告制度，协作处理小区单元大厅抛光砖空鼓滑落，窨井下沉，电梯恒温空调安装，消防、监控提升改造等影响居民生活安全的重大事件10余件。

——形成社会组织合力。晶都社区自成立以来，已有鹊桥交友俱乐部、和事佬协会、律师工作室、腰鼓队、女子舞龙队等30余个社会组织，其中12个社会组织已经在民政部门注册。社区社会组织既有民间自发组织的，也有像律师工作室这样的专业社会组织，涉及教育、卫生、文化、体育、法律等多个类别，涵盖内容广泛，已成为服务群众的一支重要力量，在加强社会建设、改进社会管理、推动社区自治、促进社会和谐稳定等方面发挥了重要作用。

第二节 精细化管理，为建设和谐社区提供保障

精细化管理是建设和谐社区的保障，晶都社区通过建立各种载体，提供平安建设保障、片区和谐保障、联络畅通保障、结对联系保障、环境优美保障，从而把建设和谐社区的各项工作一一落到实处。

一、提供平安建设保障

社区以"56569"为民服务模式为载体，充分发挥党建网络的政治优势、综治网络的专业优势、信访网络的前沿优势。以每5户家庭配备1名党员联系人为基础，结合社区"网、组、片"，构建了庞大的服务网络。此外，社区成立党员日间巡逻队，形成了民警、治安巡逻队员和义务巡防队员"三位一体"的治安巡逻防范队伍。利用社区"治保主任、钱塘老娘舅、社区民警、巡防队员、义务治安巡逻队、流动协警"的治安一条龙"链条式"服务网络体系，努力把矛盾化解在萌芽状态。通过党建、信访、综治三网合一工作，社区多措并举，着力提升在畅通信息渠道、化解矛盾纠纷、维护社会秩序、抓好矛盾纠纷源头、落实维稳机制等方面的工作。

二、提供片区和谐保障

以"网、组、片"划分"责任田"，社工承包各自的"责任田"，担任"片区主任"，每月走访片区30户以上的居民，处理片区所有条线工作、纠纷及政策解答。在走访过程中，一是要掌握片区的基本情况，

摸清每户家庭的详细情况。二是要重点关注计生重点户、帮扶救助家庭户、残疾人户、空巢独居老人户、家庭矛盾户、邻里矛盾户、宠物饲养户、群租户、信访人员等9类重点服务对象。以群租户为例，社工每月排查，及时更新群租户档案，下发租户告知书，劝导文明入住；重点清查淘宝店等三合一场所，开展消防安全专项整治检查，与每户租户签订安全责任书等。三是处理片区的所有焦点、难点问题。对居民提出的困难、意见和需求，能当场解决的当场解决，解决不了的，做好衔接工作，协调有关社工和相关部门一同解决，做到小事不出网格，大事不出社区。

三、提供联络畅通保障

为方便联络，掌握各类信息，社区在社工层面提供社区党组织、居委会、共建委员会、居民组长、居民代表、党员、楼道长通讯录；在责任片区印发业主信息和育龄妇女通讯录；在楼道长层面印发本楼道业主和育龄妇女通讯录；在计生联络员层面印发育龄妇女信息通讯录；在全体居民户层面印发社区民情联系卡（各类应急服务电话）通讯联系方式，并在各居民楼道予以张贴。针对5种通讯联系方式的使用实际，社区还建立了"楼道长三天一摸底，片长一周一汇报，社区一月一总结"的快速工作机制，及时了解居民诉求，有的放矢，提高工作效率。

四、提供结对联系保障

针对特定人群的管理，社区以结对6类不同群体为主要模式，即社区党组织结对辖区信访等重点户；社区工作人员按照"网、组、片"分工，服务片区居民；社区党支部在册党员按照自愿结对方式，服务社

党总支书记郑立萍带队开展环境卫生　网格员例行检查安全
大整治

区内残疾人等弱势群体；社区志愿者服务社区内空巢老人；社区楼道长服务楼道内各业主；社区计生联络员服务社区内育龄妇女。通过结对了解他们的需求，帮助解决实际困难，力争将居民诉求发现在早，处理在小。

五、提供环境优美保障

为改善人居环境，提高居民环保意识，社区从两方面入手。

一是对"硬件"进行改造。2011年，社区着力开展新老长兴苑、初中高中宿舍楼、农民联建房的庭院改造工程，主要工作有：重新铺设路面，改善原有路面破损、低洼积水的状况；重新埋设雨、污水管道，实行雨污分流、确保排水畅通；实行自来水一户一表改造、开通管道煤气；进行屋顶"平改坡"，建筑立面涂装、清洗，统一保笼、雨棚、晾衣杆；增设岗亭、电子监控、楼道门、提升小区安保建设；落实无物业管理小区长效物业管理，使得小区环境、安全、秩序得到长效保障。目前庭改工作已经全面完成，老旧居民小区通过庭改真正做到美化、亮化、绿化，老旧小区环境面貌焕然一新。此外，针对南岸晶都小区的绿化问题，社区争取了彩虹快速路征迁中被迁苗木的无偿使用，提升了南岸晶都小区的绿化环境。

二是在"软件"上下功夫。社区由居委会主任负总责，成立了专门的环境工作领导小组，负责环境卫生整治的组织、协调、检查、督促和信息反馈上报等工作，每年制订环境卫生工作计划，有步骤有计划地完善社区环境卫生工作。结合爱国卫生月、千人整治等活动，社区组织人员全方位整治社区环境，对社区卫生死角、楼道垃圾、牛皮癣等进行日常的检查督促、清理整治，开展除尘迎新大扫除、文明楼道志愿服务等活动，落实各环节责任，确保及时有效地完成任务。此外，社区每年都与辖区单位签订了综合管理责任书，督促、指导企业依法生产经营、规范经营行为，消除安全隐患，优化生活环境。义务卫生消防安全监督队每月一查，及时通报检查结果，及时整改。通过以上措施，社区的面貌不断得到改善，进一步提升了社区形象。

第三节　人性化服务，为建设和谐社区搭建平台

服务是建设和谐社区的主要内容，服务需要体系尤其需要通过平台来运作，晶都社区为建设和谐社区搭建了6个平台，从而为居民提供了各种服务。

一、搭建公共服务平台

社区公共服务工作站建立健全岗位责任制、首问制度、考核评议制度、AB岗制度等规章制度并统一上墙公示。服务站共设党建群团、民政帮扶、劳动保障、计划生育、综治信访等8个服务窗口，实行一站式办理，推进社区公共服务工作的全面开展。此外，社区公共服务工作站实行早八晚九错时上班和节假日值班制度，并开通了24小时服务热线，使居民能享受到全天候的服务。同时，社区开展多岗锻炼，每名社工都能熟悉并掌握各条线窗口的基本业务，无论对口社工是否在岗，居民的诉求都可以及时受理，一站办理、一趟完成，实现服务的无缝对接。

二、搭建医疗服务平台

针对街道社区卫生服务中心在社区15分钟生活圈内，无法单建社区卫生服务站的现状，为了方便广大居民，社区与街道卫生服务中心对接利用私营的滨安诊所建立社区公共卫生服务点之事，由街道卫生服务中心有偿委托滨安诊所，为辖区居民开展无偿的公共卫生服务。滨安诊所常年开展免费测量血压、血糖服务，建立户籍人口健康档案，加强对慢

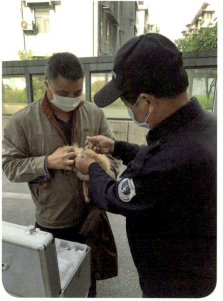

应急救护培训　　　　　上门为居民宠物狗注射狂犬病疫苗

性病人的管理，开展健康教育、健康咨询等系列服务，解决了居民就近方便就医的实际需求。

三、搭建为老服务平台

为了让社区广大老年人"老有所乐，老有所养"，社区组建了老年歌舞队、老年书法协会等组织，每年开设老年大学、健康讲座、书法绘画班等，鼓励老年人善用闲暇、善用自身特长参与社区事务。同时，社区与辖区简吃餐饮服务有限公司合作，开设老年爱心食堂，为高龄独居、空巢老人提供了生活上的方便，解决了"吃饭难"问题。对卧病在床或年老体弱的老人，老年爱心食堂还有免费外送服务，大大方便了老年人的就餐。

四、搭建文化服务平台

通过采取新建、改建等办法，社区对南环路和南岸晶都东边绿化带进行改造和提升，建设了集健身、娱乐、休闲为一体的休闲广场2个，改变了社区无休闲广场的现状。同时，社区倡导辖区内学校、企事业单位向社区居民免费开放文化设施，开通办理校园健身卡业务，实现文体设施资源共享。以文体队伍为主体，社区积极开展群众喜闻乐见的文化活动。在春节举办写春联、送春联活动，举行端午文艺演出，联合物业举办中秋音乐晚会，举办欢欢喜喜闹元宵活动等，给居民朋友带来了欢乐。社区举行乒乓球、排球比赛，积极组织参与市区社区运动会，组织了象棋培训、柔力球培训、腰鼓培训、舞龙培训等活动，积极开展亲子涂鸦、亲子游戏等活动，种类丰富。结合实际，社区还举办了中外邻居节、科普活动周等活动，从文化娱乐、休闲健身、科技普及、艺术培训等方面充实社区文化生活，以歌舞音乐、琴棋书画、体育竞技等形式进行社区文化传播，引导社区居民自觉参与社区文化活动，保持社区文化活动旺盛的生命力，满足不同层次社区居民的文化需求。

五、搭建志愿服务平台

社区积极开展志愿服务活动。社区成立了形式多样的志愿服务队，志愿者队伍围绕社区中心工作和重点任务，积极投身社区服务事业。一是开设校外课堂。社区在周末、假期开展绘画比赛、知识竞猜等文体活动，组织辖区单位、退休教师等志愿者为青少年提供学习辅导、心理倾诉、法制宣传等公益服务，帮助社区青少年健康成长。暑期时，社区开展暑期沙龙活动，利用白马湖大讲堂、在职党员等资源，开设书法培训、国画培训、象棋培训等兴趣班课程，开展安全教育、形势教育培训等教育活动，引导青少年度过一个快乐而有意义的暑假。二是开展健康同行活动。社区邀请各大医院、社区卫生服务中心、高校志愿者队伍通过定期探访、开展讲座及爱心义诊等形式为社区居民提供有关生理保健、心理疏导等方面的义诊服务。三是开展便民服务。社区形成便民服务日，定期无偿、低偿为居民提供便民利民服务项目，如理发店免费理发，小家电维修，电脑、电动车维修，皮鞋修补，衣服缝补等。四是开设快乐舞台。针对社区居民文化生活需要，社区组织开展文体骨干培训、巡回文艺演出、电影进社区等服务，组织开展群众性文体活动，丰富社区文化生活。丰富多彩、扎实有效的社区志愿服务活动展示了社区志愿者风采，传播了志愿服务精神，营造了社区文明新风尚，引导广大居民群众在构建和谐社会中作出新贡献。

六、搭建网络服务平台

社区将前期和实时收集反馈的信息全部整合到了自主研发的"56569服务管理平台"，包括民情信息、事务办理、民情走访、日常工作、回访追踪、统计报表、综合查询、档案管理、社工管理、民情互动等模块功能，实现社区信息管理从静态到"一网式"动态，从单向向综合管理的转变。哪些居民家境困难、哪些对象需要服务等信息一目了然，社区可以及时提供帮助。同时，每个社工必须准确掌握自己辖区内服务对象的信息，每一次走访、调查、为民服务的情况必须记录在"56569服务管理平台"上，不断进行总结和完善。除社工使用的"56569服务管理平台"外，与之匹配的还有一个社区门户网站。社区门户网站及时、准确地传递社区新闻、政策公告、通知等信息，并接受居民相关咨询与投诉。目前，网络已捆绑到每个社工的手机上，社工能直接通过手机回复居民留言。自平台启用以来，社区门户网站信息量和访问量不断增加，居民的留言也越来越多，社工的回复率达100%，服务质量优良率达90%以上。

第四节 民主化建设，为建设和谐社区创造条件

一是创造民主监督条件。社区将居务、党务、财务信息通过华数、电信、宣传栏、社区网站向居民公开，切实保障了居民群众的知情权、参与权、监督权。"三务"公开已经成为提高社区为民服务能力、推进社区民主进程的重要举措，为实现社区和谐稳定奠定了基础。

二是创造民主自治条件。社区充分指导帮助南岸晶都小区业主委员会的换届和物业到期的续聘和交接工作；帮助老长兴苑小区业主在全面庭改的基础上落实了长效物业管理机制；与初高中宿舍楼热心社区事务的党员、居民履行收取物业费，委托小区失业居民实行自主管理，自我保洁、保安。各小区业委会成员在小区庭院改善、业委会换届、小区设施设备更新、物业招聘、矛盾调解等工作中，充分发挥业委会的自我管理、自我服务、自我监督的自治作用，小区建设和谐稳定，小区管理逐步向美化、绿化、洁化、亮化标准发展。此外，以"56569"为民服务模式为活动载体，社区开展组团式服务，激发居民参与社区建设的活力，发挥居民自我服务、自我管理、群防群治的作用。

三是创造民主制度条件。社区民主管理制度基本建立，包括居民会议、居民代表大会、居委监督委员会、民情恳谈会、社区论坛、社区网站等。涉及居民利益的重大事项基本通过居民会议、居民代表会议等民主决策形式讨论决定，对社区公共事务进行民主决策，对居民关心的焦点问题和物业、业委会管理等热点难点问题，及时向居民公开，接受居民监督，有力地促进了社区民主管理的发展。

消防安全检查

调解纠纷

　　四是创造民主选举的条件。在社区党总支、居委会、居务监督委员会和妇联、共青团等各级群团组织的换届中，社区依法依规公推直选产生新一届党组织、居委会、居务监督委员会等各级组织，为和谐社区建设提供了组织保证。

　　五是通过以"56569"为民服务模式为载体的创建活动，社区在党建、综治、民政、劳动保障、计划生育等各方面工作中取得了较好的成绩。围绕"居民自治、管理有序、服务完善、治安良好、环境优美、文明祥和"的和谐社区建设目标，社区用发展的观点、和谐的意识、创新的思路、服务的理念走出了独具特色的和谐社区建设之路。社区组织更加健全、服务功能更加完善、治安秩序更加稳定、人际关系更加和谐、精神文明更加向上、居住环境更加幽雅、管理规范更加有序、保障功能更加完善。

打造国际化社区

第五篇 创建"国际化社区"

晶都社区目前有外籍居民40余户，分别来自乌克兰、印度、英国、韩国、朝鲜等16个国家。社区内共有企业890家，外籍员工200余人，主要是来自德国、俄罗斯、爱尔兰地区的外籍人士。近几年来，随着晶都社区外籍居民和辖区单位外籍员工的日益增多，社区在积极探索治理服务实践的同时，将社区国际化建设水平同步提升、创新探索，形成了"晶都模式"："晶"彩引擎党群服务中心、"晶"心闪耀社会组织服务中心、"晶"银花开居家养老服务中心、"晶"色童年青少年活动中心。2019年，晶都社区被评为杭州市国际化社区示范点。

第一节 围绕"大社区"理念，
进一步推动国际化社区打造

晶都社区从环境、配套、服务等方面着手，按照建设中外居民"共享型"的国际化社区要求，积极利用党群资源，提升公共服务和治理水平。

一、"晶"彩引擎党建品牌，引领社会自治

以党总支为核心，以构建党组织领导下的联动运行机制为重点，社区进一步完善了"社区—网格—小区"三级党组织体系，将组织生活、党员承诺、民情联系等党建工作触角延伸至每个楼道。进一步建立了物业、业委会临时党支部，通过例会、重大事项沟通汇报等制度，统筹服务力量，提高小区自我服务、自我管理能力。

在此过程中，基层党组织和党员成为组织社区建设和领导居民自治的核心力量。比如各小区的物业、业委会临时党支部每周开展巡查，排查小区楼道、公共部位消防隐患，即时解决楼道堆积、消防通道堵塞等问题，将问题解决在小。

二、"晶"心闪耀社会组织，自下而上协同治理

社区积极组织中外居民和引入社会机构、专业队伍参与国际化社区服务和社会建设，实现广泛的社会协同治理和专业化治理。30多家社会组织定期开展活动，作用日益凸显。"专业人士+志愿者"的组合令社会

1	2
3	

1. 社区工作人员向外籍居民介绍社区
2. 中外居民聚会
3. 中秋活动大合照

工作组织化、专业化程度更高，社会资源运用更广泛，涉及医疗健康、文化体育、老年娱乐、社区和谐等领域近20项志愿服务受到了居民的广泛欢迎。累计每周至少提供10项服务，惠及400余人。

通过与"量康科技"合作，大大提高了居民健康医疗方面的专业化水平，这个由专业科学技术团队所创建的健康服务机构，把最先进的生物检测技术转化为实用的健康检测项目，利用互联网和云计算来检测居民健康。

社会组织义务治安巡逻队，从最初由社工带头巡逻的10余人组成的小队，发展到现在有80多名队员组成的、每天有一名居民牵头、每周一循环的、定时定点定人员的服务大队。参加过这支队伍的人数达200余人，累计服务人次达2.6万人次，共计劝阻电瓶车违规充电47次，发现窨井盖缺失4次。通过日复一日地巡查和宣传，真正让"安全是家家户户的事"入耳走心。

社会组织邓阿姨歌唱队，由老党员邓锡鹊牵头。组织的成立源于一场红歌赛，从最初的8名参赛队员到现在的80名队员，引导居民走出家门、走进社区，将爱好唱歌的居民聚在一起，融为一个快乐的大家庭。其实，他们不仅仅是娱乐这么简单，更是在无形中促进了社区的和谐。南岸晶都小区有户居民家中矛盾不断，老人心情抑郁，邓阿姨得知这一消息后，把老两口拉入了老年大学和歌唱队，写写字、唱唱歌。再加上睦邻调解志愿者的积极加入、多次调解，一家人心情好了、家里关系也缓解了。

近些年，晶都社区孕育了自己的一套社会组织孵化模式，即：社区发掘、整合资源—专业社工联动—形成一定规模、能独立开展活动—群众自管理、自发展、自服务。诸如义务治安巡逻队、安全卫生监督小

1 | 2
3

1. 制作手工包
2. 外籍居民学包饺子
3. 外籍居民学做团子

队、亮眼睛巡查小队、悦群文化站、睦邻调解工作室等成功孵化的社会组织比比皆是。

三、"晶"银花开居家养老，运行专业高效

在居家养老日照中心，晶都社区通过体制机制创新引入了第三方服务，委托专业机构管理。同时，为老人配备智慧养老终端设备，提供养老对象的实时监控、急救指挥以及智能化综合服务管理。在这里，社区转变成为政府购买的社会服务项目的实际监督者、评估者，协助专业机构开展社区服务项目的有效运行。比如社区老人姜九真，虽然卧床在家，但头发长了公益组织上门理发，生病了医生志愿者上门服务，居家养老服务中心的工作人员提供送餐上门、每周探望、谈心等贴心服务，大大地方便了老年居民的生活。2021年，居家养老服务中心累计开展培训35次，志愿服务70余次。

四、"晶"色童年向阳花开，注重借势整合

国际化社区的青少年在各种思潮、文化的影响下，个性发展突出，具有多元的社会需求。基于这一情况，社区借势整合，与区流动青少年宫、辖区单位等合作，综合公共及私人单位资源，多中心治理，逐渐向现代管理模式过渡转型，开设基础教育类、美术类、书法类、文学类、综艺类、英语类、科技类等7个大项的校外辅导课程。在这里，外籍居民争做志愿者，积极主动地参与诸如绘本阅读、英语教学等公益服务，满足青少年的外语需要。

"晶"色童年0—3岁手工活动

外籍居民教小朋友做手工

第二节 营造"大文化"氛围，
进一步增强中外居民文化认同

国际融合性是国际化社区的本质要求，为此，社区积极开展各类中外文化交流活动，提升国际化社区融合度，推动国际文化交流与合作。

一是搭建平台，通过文化引领实现共同治理。第一，开展了良好的语言文化互动。相继成立英语俱乐部、汉语俱乐部，让本土居民学英语、外籍居民学汉语，提高沟通能力。第二，营造了浓厚的节日氛围。通过圣诞party等活动让居民了解国外文化，通过春节、中秋等中国传统节日让外籍居民写春联、学国学感受人文。第三，展示了优秀的传统文化。画扇面、做香囊、包粽子，国学讲堂、太极拳培训，加深了外籍居民对中国文化的理解。

二是培育社区精神，提升国际化社区融合度。第一，通过开展邻居节、社区趣味运动会，拉近中外居民距离；第二，邀请外籍居民担任文化大使介绍外国文化，由本土居民讲述社区故事，从而促进居民之间的融合、认同，把社区打造成交融发展的精神文化家园。

案例：弘扬传统文化，中外友人共鉴华服雅韵，品文物典章

"有礼仪之大，故称夏，有服章之美，谓之华。"汉服衣冠在华夏几千年的历史中，起着举足轻重的作用。8月3日下午，晶都社区联合爱来家居家养老服务有限公司、杭州千秋月汉学社邀请了辖区居民、退伍军人、"时间银行"志愿者、外籍居民等举办了一场"鉴华服雅韵，品

1	2	1.外籍居民听汉文化讲座
3		2.外籍居民穿汉服
		3.外籍居民穿汉服

文物典章"主题活动，邀请他们走近汉服，触摸汉服。

　　来自杭州千秋月汉学社的采蓝老师一身汉服亮相，引起了在场众人的阵阵掌声。老师结合PPT图文并茂地带领大家对汉服的体系、款式、功用进行了深入的了解。随后，她为现场观众详细讲解了汉服内衣、中衣、外衣的分类，以及各种款式的特点、历史发展、穿戴方法以及配饰的选择与搭配等。"恰逢七夕，而汉服作为汉族传统服饰，在很多地方都能发挥作用，例如作为中式婚礼的婚服。"老师介绍着中式婚礼流程，汉学社的社员们着装同步进行了演示。司礼者各司其事，执事者各执其事，随后开礼敬香，司仪诵读《关雎》。仪式流程有却扇、新人受诰书、沃盥礼、对席、同牢、合卺、新人行跪拜礼、解缨结发、宣读完婚诰文、执手行礼等。在分享完汉服知识后，老师还邀请了现场观众穿上精美的汉服，在亲

外籍居民跳起了非洲舞蹈

身体验中为大家做进一步的细节讲解。通过这次活动，更多人走近汉服、触摸汉服，让我们的外国友人们领略到了中华优秀传统文化的魅力。

镜头一转，只见茶艺老师一边玉指轻拈现场示范，闻香品茗、观茶敬茶……一招一式，在茶艺老师的表演下尽显优雅。整个活动过程中，茶香与热情洋溢在教室的每个角落。随后的成语接龙和猜汉字活动更是将气氛推上了高潮，没想到外国人玩起成语接龙也是驾轻就熟。来自津巴布韦的kuku说："我很喜欢中国文化，成语接龙游戏恰恰让我感受到了学习过程中的快乐，它让我更加热爱中国，也想更广泛更深入地了解它。"

此次活动以汉服和传统礼仪为表，以中华传统文化为里，一方面直接丰富大众的生活内容，另一方面，通过不同形式对中华传统文化、传统经典仪式进行挖掘宣扬，让社区居民感受到了传统的汉风文化，学习到了传统礼仪。这次活动不仅是一种仪式，更是对传统文化的致敬。

第三节　创新"大服务"模式，
进一步提升社区服务能力

国际化社区人员结构的复杂性决定了其对社区服务需求的多样性及高标准。晶都社区积极优化服务，努力提升中外居民的满意度。

一是进一步完善社区服务体系。早在2011年，社区就积极探索和实践以摸清5项信息、结对6类重点对象、提供5种通讯联系方式、组建6支志愿服务队伍、扣清9类服务对象底细为主要内容的"56569管理服务机制"，在推动重点工作、打造和谐社区中发挥了积极作用。一年平均协调解决邻里矛盾、信访化解、防灾防盗、物业管理、噪声扰民等大大

晶心闪耀社会组织活动

英语外教

小小问题1300余个，获得了居民群众的广泛好评，得到了市领导的批示肯定，并在全区进行推广。2018年，"56569管理服务机制"得到了深化，社区以党建为核心，将网格长，四大员（先锋信息员、物业管理员、业委会监督员、平安网格员），一站（消防工作站），一警（社区民警）纳入网格，对网格责任田实行包产到户，落实每一片土地都有人精细管理，每一户人家都有人贴心服务。针对外籍居民，在摸底调查的基础上，建立了专门的外籍人员档案，为开展上门服务和组织活动奠定基础。

二是探索多元化服务机制。第一，建立国际化服务队伍。社区工作人员定期参加培训，提升社工工作技巧及整体素质；鼓励外籍居民参加公益活动，建立国际社区志愿者队伍。第二，采用智慧化服务手段。社区建立了门户网站、微信公众号传递社区新闻、政策公告、通知等信息，并接受居民相关咨询与意见反馈。社工能直接通过手机回复居民留言。"网格员+互联网"的搭配，搭建起了外籍居民了解社区工作的桥梁。自平台启用以来，社区门户网站信息量和访问量不断增加，居民的留言也越来越多，社工的回复率达100%。第三，开展精细化服务。社区每月10—15日定期走访网格，由网格长负责片区居民的所有问题。社区特别设立了涉外服务岗，成立了外籍居民服务队，第一时间将就医、商事、教育、签证等一系列双语办事指南发送到外籍居民手中，并发放了涉外社工便民联系卡，为外籍居民解答咨询，方便外籍居民的日常生活，真正让老外不见外。

第四节　探索"大协商"机制，
进一步创新社区治理的参与模式

为推动小区事务共商、服务共抓、矛盾共解，社区主要做了以下探索：

一是合作共建。社区结对街道幼儿园、博文小学、长河初中等学校，开展未成年人教育活动；结对区行政服务中心、城管中队、交警大队等职能部门，开展政策宣传、安全教育、应急演练等活动。浙商银行、杭州联合银行、国家电网等单位的服务进社区活动，也让社区居民足不出户就享受到了教育、医疗、金融、通信等行业服务。另外，结合

社区为辖区外国友人颁发文化大使聘书

在职党员到社区报到活动，社区根据在职党员的服务意向和居民群众实际需要，设定居住地社区服务项目与志愿服务项目2大类40小项服务内容，300余名在职党员领办项目419个，涉及法律援助、公益宣传、结对帮扶、心理辅导、环境保护等服务项目。合作资源的共享，更大程度地提升了社区的国际化水平。

二是多元协商。社区建立每月一次的物业、业委会、社区居委会、临时党支部"四位一体"联席会议制度，推行"五议两公开"，建立每季度一次的楼道长会议制度，建立各层级的微信交流群，将党员、楼道长、业委会、物业等的联系方式公布在小区楼道，方便居民联系沟通。另外，居民代表大会、居委监督委员会、民情恳谈会等社区民主管理制度的基本建立，有力地促进了社区民主管理的发展。在协商涉及居民利益的物业、业委会选举等社区公共事务、公益事业和传统文化交流等活动时，社区积极吸引外籍居民的参与，听取他们的意见建议，形成民主参与的良好氛围，增强其认同感和归属感。

党建展厅

第六篇　努力打造基层服务型党组织

　　打造基层服务型党组织，关键是要沉到底。晶都社区实施党建进楼道，对党员按照小区楼道进行划分，推行党员户"亮身份"活动。社区在每户有1名正式党员的家庭，悬挂"共产党员户"标志牌。截至2021年底，已在4个小区、28个楼幢、32个单元中的50户党员户进行了"挂牌"，通过党员户"亮身份"，让党员的身份更加突显，更好地做好与居民群众沟通的桥梁。

第一节　搭建多样化的平台

晶都社区以党员为先锋，社工为核心，通过搭建多样化的平台，努力打造基层服务型党组织。

一是深化网格管理。为最大程度发挥社区在册党员、在职党员、常住党员的力量，社区共划分了11个一级网格，43个二级网格（由楼道长负责）、237个三级网格（由在职、在册、常住党员以及居民骨干每人联系5—10户），对全社区开展常态化全面梳理排查。通过网格长带动片长，片长带动组长，组长带动邻里，群众的参与度得到了提高，将各类隐患发现在小、处理在早，平安建设意识逐渐在居民心中生根发芽。

二是打造全能社工。社区建立网上业务学习窗口，统一归档各窗口

党员学习教育活动

办理业务的表格资料，开设两个值班岗，早上8点到晚上9点"坐班"受理当天所有业务，居民满意率达99%。同时，每位社工联系居民220—250户，按照"一天一主题，一周一循环"工作机制，采用"3+2"模式组织开展，即网格每天走访巡查主题为环境卫生、民生需求、平安秩序等三大主题，由社工（网格长）个人落实；动态服务，辖区巡查和会商一周疑难问题为2天工作落实。近四年来，社工累计走访居民12835户次，走访中处理物业问题320件，环境卫生问题600件，发现安全隐患100起，答复政策咨询400件次，处理各类矛盾纠纷60件。此外，社区推出月"服务之星"、年"全能社工"考核标准评选，通过月评比、年考核，督促社工提升个人能力，也作为培养后备干部、年终考核奖的重要依据。

三是开展党建"三五"日。每月5日为双领服务日，社区以支部认领"双领"任务为载体，以平安巡查、环境整治、文明劝导等为主题，4个党支部每月依次轮流认领任务。每月15日为社区奉献日，联合党员骨干、共建单位、志愿者为居民免费提供至少4项服务，累计服务项目达12项，服务居民达1500人次左右。每月25日为党员学习日，完善三会一课制度，把党的思想政治建设抓在日常、严在经常。

第二节　深化和巩固"56569"服务模式

晶都社区进一步深化和巩固"56569"服务模式，实现"社区信息覆盖全面化、社区便民服务实质化、社区党群共建一体化"目标，进一步完善了社区服务体系。

一是完善基础电子信息台账。加强对居民户信息的管理，通过每月走访30户以上居民，重点排查和更新装修、空置、出租等情况，每月进行信息调整。截至2021年底，平台已记录2578户居民信息。加强对企业、商铺信息的管理，共登记企业363家，员工2241人，商铺156家，从业人员357人。

二是健全多元化的服务网络。明确社区、业委会和物业"三位一体"，三方建立两月一次的例会沟通制度、重大事项报告制度、指导督促制度、整改提高制度，在明确各自职责的基础上，业委会及时向物业公司反映意见要求，社区指导、督促物业公司抓落实，物业公司在社区和业委会支持监督下做好工作。近四年来，社区解决了如楼顶种菜、小区门禁系统改造、地下车库充电桩改造等涉及居民利益的重大事项10余项。另一方面，以片长、网格长、网格组长为力量，重点关注辖区消防安全、环境卫生、公共设施设备、九类重点服务对象等情况，共核实违规装修户85户、租户334户，清退违规装修户15户，上报小区安全隐患12起。

三是推进智慧化的服务平台。近四年来，社区不断提升和完善延伸"56569"信息平台，开发"56569"手机移动小助手、掌上智慧社区

App、微信公众号。移动小助手实现手机办公；App囊括公共服务、小区管家、邻里在线交流等板块，强化邻里、社区、物业、业委会之间的沟通；微信公众号开设我的社区、智慧党建、56569三个板块，重点做好智慧党建，每位党员有一个专属二维码，实现线上签到。

外籍人士门岗登记

抗疫值班人员

第三节　抓好中心重点工作

晶都社区以中心重点工作为首要任务，循序渐进，一一抓好落实。

一是做好文明创建工作。社区作为每年全国文明城市复评、省文明程度指数测评和市文明程度指数测评的必检点，得到了检查组的高度评价：重视度高、载体多、活动丰、台账翔实，各项工作扎实开展，成效较好。

二是成功护航G20杭州峰会。第一，全面开展区街统一部署的基础信息大排查，通过30余个日夜的地毯式清查，掌握辖区居民户、商铺、企业等信息，排查人口16600余人。第二，对排查发现的隐患和社区面上的环境卫生问题进行全域整治，共整改和拆除彩钢棚500余平方米、整治违规出租房26间、清理堆积物70余车。第三，在关键时刻排兵布阵、严防死守。社区一方面对公交站点和重点隐患部位进行定时定点值守，另一方面分组实行24小时不间断巡查。G20杭州峰会期间累计动用人员1100余人次，最终实现了不冒烟、不失火、不出事，社区也被评为"服务保障G20先进集体"。

三是基本普及垃圾分类。社区相继对南岸晶都、新老长兴苑、铂金名筑等小区进行垃圾分类。坚持定期发放垃圾袋；大力宣传，制作分类标识及宣传板，并且录制分类宣传口号播放宣传；组织志愿者指导分类工作；建立长期巡查督促制度，安排物业保洁人员每天监督，安排社工每天巡查投放情况。

四是完善各类规章制度。社区在建章立制上下足功夫，建立《全能

1. 党员志愿者清理环境
2. 党员参加义务献血
3. 党员志愿者

社工考核机制》和每月评优机制，全面考核社区工作人员；实施《物业企业考核办法》，按照年终考核得分比例领取考核奖，激励物业公司；建立居民自治规则，通过居民代表大会表决一致通过《居民自治章程》《社规民约》《文明公约》等自治制度，并在各小区建立专门的宣传栏宣传。以上一系列的制度保障，为文明和谐晶都打下了坚实基础。

五是开展五水共治工作。辖区的铁路河段是社区的"责任河"，社区制订计划，落实措施。对河道周边的建筑垃圾、生活垃圾和杂物进行突击清理，共清掉杂物30余车；组织志愿者每周对白色垃圾进行清理；督促相关养护单位对河面垃圾进行清理，对河道边的绿化进行整理补种。另外，在防洪水工作上，社区配合街道城管办为每个小区的地下车库和地势较低的初高中宿舍楼大门口制作了挡水板，以备暴雨来临时应急使用。

第四节　服务好各类人群

晶都社区始终关注民生，以居民的基本需求为工作出发点，做好各类人群的服务保障工作。

一是关爱弱势群体。帮扶救助方面，社区为低保户申请春风助学、孤儿助学，为残疾人申请养老保险补贴、药物救助以及配备康复器材，同时，在重大节假日进行走访慰问。关爱老人方面，为10名老人提供居家养老服务，为15名高龄老人办理高龄津贴，开展针对老年群体的趣味游戏赛、书画班、讲座等活动32次。在劳动保障方面，社区积极做好各类培训、政策咨询、提供就业信息、挖掘就业岗位等服务，20名失业人员已实现了再就业，29名失业人员享受了灵活就业补助。

义务治安巡逻

推拿

义诊

　　二是共筑平安防线。强化治安巡逻。坚持执行巡防队激励考核制度，落实岗亭签到制度，要求巡防队24小时上路亮灯巡逻，每小时必须在各小区巡逻一次，对小区加强防范。进一步发挥群防群治队伍力量。截至2021年底，社区义务治安巡逻队参加人数达52人，每晚常态化运行，并在巡逻中用扩音器提醒居民加强防范意识，居民群众反响较好。

开展平安宣传。利用电子显示屏常年滚动播放平安宣传知识，每家每户发放平安宣传手册，利用广场活动开展专题宣传。及时化解矛盾纠纷。通过走访及时排查矛盾纠纷，发挥老娘舅、社区民警等力量，4年间共受理各类纠纷200起，调处200起，调解成功率达100%。

三是提供志愿服务。社区志愿服务队伍不断壮大，常年参与志愿服务的同志达100余人。志愿者积极投身社区服务，主动上门为群众排忧解难。4年共开展文艺演出、学习辅导、环境卫生、维修家电、缝纫、理发、推拿、义诊等各类服务活动60次，服务居民达8000人次左右。

四是优化新办公用房功能布局。社区新办公用房总面积达3200平方米左右。社区通过大量的调研和讨论，在功能布局上充分考虑居民需求，特别是满足老年居民和少年儿童的需求，设置了大面积的活动空间，供居民休闲娱乐、学习交流。同时，社区也专题在新办公用房设置了200余平方米的社会组织培育和服务基地，每月固定日期开展活动。

修鞋

第五节　丰富居民精神文化生活

晶都社区一直关注居民的精神文化生活，成立了丰富多样的社会组织， 用丰富的文体活动搭建与居民沟通的桥梁。

一是大力培育社会组织。社区现有在民政局备案的社会组织团队22支，其中有一部分团队已相当成熟，能自主开展活动。如邓阿姨歌唱队，已经形成固定时间活动、固定时间授课、固定时间汇报演出等一系列自我管理的模式。同时，社区也加强组织引导，邀请专业人员辅导，不断培育具有社区特色、业务精、素质高的社区文化骨干队伍。

二是注重开展节庆特色活动。每年的写春联送春联，新年登冠山比赛，元宵猜灯谜吃汤圆，端午包粽子送粽子，儿童节亲子活动，邻居节等系列丰富多彩的节庆文化活动已经成为社区的固定节目。这些活动，为增进居民友谊交流、提升凝聚力搭建了平台。

第六节　打响"晶"彩引擎社区党建品牌

近年来，社区坚持以党建为统领，以完善的服务体系、坚实的社会组织力量、和谐的公共参与精神为依托，形成了一核三辅的社区服务体系，显著提高了社区公共服务的水平，增强了基层群众的满意度、幸福感和获得感。社区以"56569"工作法做保障，积极探索党建引领社区服务的具体工作方法。一是用组织"链条"延展社区服务"触角"。建立网格党支部，推出网格"三个一"：每名党员联系一幢楼；每月至少开展一次巡查；每月5日组织一次活动，将组织生活、党员承诺、民情联系等党建工作触角延伸至每个楼道。二是用组织"温度"提升小区工作"力度"。成立物业、业委会联合临时党支部，由业委会主任担任临时党支部书记，对维护社区稳定起到了积极作用。三是强化"红色"引领，促进"联席"合作。建立党建联席会，联合各党支部、物业、业委会快速协调小区内亟待解决的问题，如新老业委会交接、停车收费等，以同商共建和谐社区为纽带，充分开展团队协作。

"晶"彩引擎是社区党建品牌，旨在以党员的微动力来促进党建引擎的总功率，把每月5日、15日、25日确定为双领服务日、党员奉献日和固定主题党日，让"三五日"成为"不忘初心、牢记使命"主题教育活动的有力抓手和有效载体。每月5日双领服务日，党支部开展五水共治、消防安全、平安建设、文明创建、垃圾分类、民情联系、志愿服务、文体建设等8大类项目，设立文明劝导、垃圾督导、河道巡查、义务巡逻等13项志愿服务岗位。每月15日社区奉献日，将服务项目及计划公

1　　1. 党员学习教育活动

2　　2. 党员学习会

布上墙，由在职在册党员提供诸如政策咨询、医疗救护等内容的集中型便民服务。每月25日固定主题党日，以学习培训、座谈讨论、交流体会等形式强化党员学习教育。

社区党总支以构建党组织领导下的联动运行机制为重点，进一步完善了"社区—网格—小区"三级党组织体系，将组织生活、党员承诺、民情联系等党建工作触角延伸至每个楼道，构成了"11411"服务管理模式。同时，通过例会、重大事项沟通汇报等制度，统筹物业、业委会的服务力量，提高小区自我服务、自我管理的能力。

社区党总支组建了小区自治帮帮团，这支由社区律师、社区民警、老娘舅、各小区的业委会主任、物业经理、专业技术人才、党员组成的队伍，专门处理各个小区发生的影响稳定的重大问题，形成了一方有难、八方支援的团结氛围，避免了社区在这类事件中两头不落好的尴尬处境。在2020年南岸晶都业委会内部矛盾的处理中大显身手，使原本鸡犬不宁的状态恢复了平静。组建小区日常工作考核小组，监督物业企业切实履行服务合同。网格党支部委员兼任小区事务、财务监督委员会成员，既对业委会的事务、财务形成了有效监督，又在业主中正面发声，减少业主对业委会工作的质疑。

制定了多项考核标准，要求社工、党员严格按照社区制定的考核标准执行。如社工考核标准、党员先锋指数考核标准等，明确工作职责、责任，用纪律和规矩的"钢尺"严格约束社工、党员干部，定期评选"服务之星""先锋党员"，按照过程考评与年终考评相结合的形式开展工作，党情观察员队伍对社工考核、先锋考评等重要事项进行常态化监督，做到可执行、可监督、可考核、可问责。

第七节　全力做好新冠肺炎疫情防控工作

2020年初，新冠肺炎疫情突如其来，晶都社区党总支带领党员干部用实际行动为广大群众牢牢筑起一道抗击疫情的生命防线。

第一时间开展的是信息排摸工作。社区利用"56569"平台，调取身份证前几位，筛选重点地区居民，通过电话摸排、上门摸排开展地毯式地摸排，掌握了第一手较为全面的信息。摸排辖区户数3399户、7290人；排摸商贸经营户304家。

随着外地返杭住户的增多，居家隔离观察的人数也随之上涨，最多时隔离户达到466户。党总支通过微信群号召广大党员、居民骨干加入到抗疫队伍中。65名党员、居民骨干、志愿者纷纷响应。志愿者按照8个网格分为信息排摸、门岗管理、隔离户巡查、服务保障4个小组，协助做好防控工作。信息排摸滚动排查，实时更新；门岗共设有8个卡口，3个卡口是无物业小区，重点把控"你是谁、从哪里来，到哪里去，是否需要隔离"；隔离户巡查及服务保障则每天上午、下午各2次进行巡查，检查"福"字张贴情况，楼道公示情况，为隔离人员配送生活所需品。同时，志愿者对居民的疑惑、现行的政策，进行认真解答。在此过程中，社区物业、业委会临时党支部的成员、在职党员也积极参与防疫工作。

在此过程中，网格党建的扎实开展在此次疫情防控中发挥了积极作用。党员志愿者、物业管理员、业委会成员、楼道长等不同群体各司其职，门岗登记、公共区域消毒、每日巡查、数据统计等工作有序开展，实现"定人、定责、定点，包片、包栋、包户"。党组织发挥了凝聚人心的作用。社区通过微信、电子显示屏、短信等渠道，加大疫情防控宣传力度，最大限度地让居民知晓这次疫情的严峻性以及对新冠肺炎知识的掌握。为了缓解居民焦虑的情绪，社会组织的负责人同时也是社区在册党员，在新浪微博开展健身直播教学，让居民在家也能运动起来。

在防疫工作中，社区党组织的组织力和凝聚力得到了充分发挥，平时扎实的网格党建在这关键时期起到了至关重要的作用。物业管理员、业委会成员、楼道长、志愿者等不同群体在党组织的号召下团结在一起，实现"定人、定责、定点，包片、包栋、包户"，确保社区各项防控工作迅速高效、井然有序。

党员志愿者为隔离户送物资

上门了解防疫情况

宣传《民法典》

第七篇 进一步提升社区治理能力

　　社区是社会治理的基本单元，是党和政府联系、服务居民群众的"最后一公里"。2020年以来，晶都社区以党建为引领，发挥党员的先锋模范作用和党组织的战斗堡垒作用，积极优化社区服务，提升居民的满意度，营造"大文化"氛围，增强居民文化认同，全面提升社区治理水平。

第一节　坚持党领导一切，带领各项事业再上新台阶

强化党员队伍建设，严把党员队伍入口标准。党员是党组织的细胞，抓好了这支队伍就抓好了关键。社区落实好发展党员工作，2021年共发展党员1名，转续培养入党积极分子2名。在支部工作上，持续做好每名党员联系一幢楼、网格支部每月开展巡查、集中学习、谈心得体会活动，进一步增强了基层基础工作。

加强党员教育管理，驰而不息提升党员队伍。2021年以来，通过党校老师专题授课、支部学习讨论、党员讲述心得、春训冬训等形式，党总支不断加深对习近平新时代中国特色社会主义思想、重要讲话精神的学习贯彻。一年以来共开展文明劝导3次、平安巡查5次、消防检查6次，开展垃圾分类督导60余次。在楼廊中集中开展义诊、磨剪、理发等大型党群服务12次。党支部战斗堡垒作用、党员先锋模范作用发挥更加明显。

主题教育真抓实做，强化理想信念、党性教育。以"三会一课"和"不忘初心，牢记使命"主题教育为载体，党总支认真落实每月主题党日活动，通过学习习近平主席考察浙江的讲话精神，开展"初心五必"主题活动，深入学习党的十九届四中、五中全会精神，认真研读会议公报，开展平安巡防、消防安全演练，进一步巩固主题教育成果，推动主题教育常态化。社区两委班子开展了集中学习培训，研讨重点工作、晾晒军令状等，增强了队伍建设。通过批评和自我批评这一锐利武器，党员开展政治体检，查找差距和不足，整改到位。

全面完成换届选举，交出高质量的换届高分报表。2020年是区委、区政府确定的基层组织建设年，"两委"换届工作是基层党员群众政治生活中的一件大事。在区、街道两级的领导下，社区上下一心，强领导、重民意、稳推进、严风纪。在党员、楼道长等近100人的骨干队伍的支持下，11月14日顺利完成党总支换届选举、12月1日顺利推选产生51名居民代表、12月15日顺利完成居委会换届选举，产生两委班子6名，平均年龄34周岁。随后，居务监督委员会、妇联、共青团的换届选举工作也顺利完成。

志愿者参加清洁小区活动

第二节　积极利用党群资源，提升公共服务和治理水平

按照建设"共享型"国际化社区的要求，社区聚焦青少年、中老年各类人群的诉求，打造"晶"彩引擎党群服务中心、"晶"心闪耀社会组织服务中心、"晶"银花开居家养老服务中心、"晶"色童年青少年活动中心4个中心，健全以社区党组织为引领，党员、居民、楼道长、志愿者等多方力量参与的服务机制，开展丰富多彩的活动。

社会组织服务中心提供医疗健康、文化体育、老年娱乐、社区和谐等领域近20项志愿服务，累计每周至少提供服务10项，惠及人数400余。

居家养老服务中心为社区高龄老人送餐上门、送医上门，为老年居民提供了生活便利。三年来，社区也为多名老年人申请高龄津贴、老年手机，办理老年优待证、发放家电统保卡。为丰富社区老年人的业余生活，开展了葫芦丝、太极剑等课程，传统节日的各类活动、课程、讲座累计达1600余次。

青少年活动中心围绕婴幼儿、学龄期、青少年三个年龄段的不同需求，每年开展体能训练、亲子阅读等早教活动，爱心凉茶摊等寒暑假实践活动。鹊桥交友俱乐部也在区妇联、辖区单位的支持下，开展青年交友活动，促成多对青年成功牵手。

平安宣传

科普大篷车进社区

第三节　积极优化社区服务，提升居民的满意度

　　社区以党建为引领，全面深化网格工作为目标，健全组织，加强管理，着力打造"资源整合、条块联动、服务群众"的基层管理服务工作格局。1个党总支、5个网格党支部、8个网格、100名党员、100名兼职网格员，服务各自所在网格。按照"11411"服务模式，在网格内的所有党员、物业、业委会等力量，都要承担起联户、联幢的责任，上联支部、下联居民。一年内平均协调解决邻里矛盾、信访化解、防灾防

接受退役军人工作检查

盗、物业管理、噪声扰民等大大小小问题1300余个。

社区采用智慧化服务手段，通过门户网站、微信公众号传递社区新闻、政策公告、通知等信息，并接受居民相关咨询与意见反馈。社区按照小区大小建立每幢楼的微信群，及时通过手机回复居民问题。社区还特别设立了涉外服务岗、退役军人服务岗等专门的窗口，第一时间将各类政策、办事指南送发到居民手中，方便居民的日常生活，真正让老外不见外。

为推动事务共商、服务共抓、矛盾共解，社区主要做了以下探索：一是合作共建。结对幼儿园、博文小学、长河初中等学校，开展未成年人教育活动；结对区行政服务中心、城管中队、交警大队等职能部门，开展政策宣传、安全教育、应急演练等活动。另外，浙商银行、杭州联合银行、国家电网等单位的服务进社区活动，让社区居民足不出户就享受到教育、医疗、金融、通信等行业资源。2020年以来，长河交警中队、长河幼儿园纳入了社区大党建格局。二是多元协商。社区建立每月一次的物业、业委会、社区居委会、临时党支部"四位一体"联席会议制度，推行"五议两公开"，建立每季度一次的楼道长会议制度，促进居民自我管理、自我服务的自觉状态。

第四节　营造"大文化"氛围，增强居民文化认同

在物质生活高度发展的滨江区，文化生活已经成为居民日益增长的美好生活的需要。社区文化家园以宽敞的活动场地、一流的硬件设施、精细化的日常管理最大限度地满足居民文化活动的需要。2021年全年累计开展节庆活动、亲子活动、敬老爱老等各类专项主题活动42场，开展老年大学、科普健康讲座、安全知识讲座等35场，开设书法班、越剧班、乐器班、舞蹈班、剪纸班等培训课程178期，累计服务居民达22000余人次。社区文体队伍除在企退人员文艺汇演、街道歌咏比赛、社区邻居节、迎新年等活动中精彩亮相外，更在垃圾分类、文明迎检等重点中心工作中挺身而出，服务社区治理，展现了大局意识。

每年开展科普大篷车进社区活动，每月开展各类科普讲座，2021年在博邑郡小区内安装了太阳能科普画廊，在社区图书电子阅览室内安装了科普E站自助学习机。另外，积极推荐居民、社团参加"百姓学习之星""学习型社团"等项目的评选活动，有3支团队被评为杭州市示范型社团。

防诈骗讲座

志愿者日常巡查

检查市场经营秩序

第五节　推进重点工作，维护社区和谐

小区的安全稳定是社区和谐的基础，2020年以来，顺利完成铂金名筑业委会和南岸晶都小区业委会的换届选举工作。社区加强对小区的日常检查，两委班子认领责任片，结合"美丽杭州"建设，每周一、周三开展巡查，并监督落实问题整改，促进小区的安全指数和环境品位提升。

做好矛盾纠纷调处工作，充分发挥网格的作用，积极发现矛盾纠纷隐患。分别设立了和事佬协会、小区自治帮帮团等队伍，为辖区居民的邻里纠纷、居商纠纷、家庭纠纷等给予建议，及早化解矛盾。

做好群防群治工作。社区辖区内包含居民小区、企业、公共单位、工地等，为了切实推进群防群治工作，社区与各小区、单位等紧密联系，组织居民志愿者、党员、楼道长等成立义务巡逻队，凝聚多股力量将社区平安网络织细织密。

做好安全生产工作。社区分阶段持续开展出租房"回头看"、沿街商铺专项整治、电瓶车违规充电停放整治等工作，共计排查违规出租户152户，已整治146户，整治率约96.1%。此外，社区与沿街商户、出租户签订消防安全责任书，与辖区工地、单位签订安全生产目标责任书，签约率100%。

影院小管家社会实践

第八篇 "一核两翼"营造美好生活

晶都社区坚持以党建为统领，以完善的服务体系为保障，以坚实的社会组织力量为依托，形成了"一核两翼"社区服务模式。"一核"就是以社区党组织为核心，"两翼"就是制度保障和专业服务。"一核两翼"社区服务模式显著地提高了社区服务的水平，增强了社区居民的满意度、幸福感和获得感。

第一节　晶都社区的美好生活

漫步在晶都社区里，身穿红色马甲的社区志愿服务队，手拿垃圾夹、扫把正在捡拾清理垃圾，党群服务中心内工作人员正在耐心地给居民办理身份录入信息，小区广场上孩子们正在嬉戏玩耍……到处呈现出一派和谐的景象。这是长河街道晶都社区积极推进社区建设，引导居民参与社区共建，打造环境优美、安全有序、文明和谐社区的成果。

在晶都社区，你能够时时被当地居民的各种美好生活所吸引，人们的喜悦之情溢于言表。

晶都社区有着洁净、优美、舒适的生活环境，不仅保洁人员分片定段，高质量高效率完成清扫任务，同时由社区居民自己组成的红色马甲社区志愿服务队，也积极投身于环境卫生的保障，形成了颇具特色的环境卫生自治小队。

晶都社区还有丰富便捷的公共服务设施。面积3300平方米的党群服务中心内，配备了一站式便民服务大厅、老年活动室、老年食堂、图书电子阅览室、健身房、舞蹈室、影音厅、书画室、红色议事厅等，几乎让居民在小区内就能享受到应有尽有的全门类日常服务；社区居家养老服务中心为老年人提供生活照料、医疗康复、精神慰藉等服务，这些全方位的服务不断提高了社区老年人的生活质量。

晶都社区居民之间有着远较一般城市陌生人社区更为亲近的熟人关系网络。居民之间日常交流交往频繁，小区文娱活动异常丰富，各种活动将居民联结成为一个情感的生活共同体。此外，居民之间互帮互助，

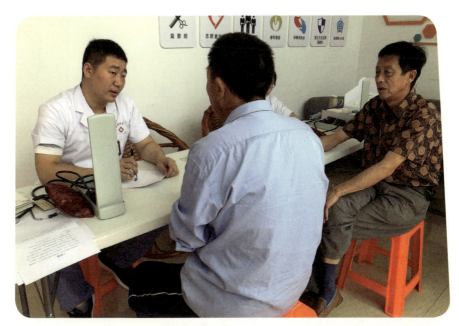

请医务人员到社区义诊

老年电视大学

邻居节

成立了各种为老为小的"晶色"组织，为小区的老人和小孩提供各种专业化的志愿服务。小区的睦邻调解志愿者通过春风化雨般的工作，让人们在守望相助中获得浓浓的幸福感。

此外，在这里有不少外国人生活于其中，社区特别设立了涉外服务岗，成立了外籍居民服务队，第一时间将就医、商事、教育、签证等一系列双语办事指南发送到外籍居民手中，并发放了涉外社工便民联系卡，为外籍居民解答咨询，方便外籍居民的日常生活，真正做到"让老外不见外"。

邻居节

第二节　党建引领：探索社区服务中的党建工作法

党建引领社区服务是基层社区服务的重要探索方向，但党建引领不能仅仅是一句口号，问题的关键还在于党建如何有效引领基层社区服务？针对这一问题，晶都社区积极探索了党建引领社区服务的具体工作方法，通过建立党组织、召开联席会议等一系列卓有成效的方式，让党建工作在基层一线发挥实效，让党建成为引领社区服务创新的核心力量。

用组织"链条"延展社区服务"触角"。以党总支为核心，以构建党组织领导下的联动运行机制为重点，晶都社区形成了完善的"社区—网格—小区"三级党组织体系，将组织生活、党员承诺、民情联系等党建工作触角延伸至每个楼道。每季度组织社区工作人员和支部党员对辖区居民基本情况开展入户调查，进行登记造册。通过面对面、心贴心的沟通交流，社区不仅掌握了居民的思想动态和利益诉求，同时还收集了大量居民对社区建设和社会民生的意见建议，畅通了党群之间的信息交流渠道，为满足社区群众的多元化需求打下了坚实基础。

用组织"温度"提升小区工作"力度"。2018年2月，晶都社区党总支牵头，把热心社区公共事务的一些党员召集起来，成立了专项的临时党支部，专门协调解决小区内物业、业委会管理服务相关问题。临时党支部召开会议10余次，成员积极参与筹备工作，就存在的问题及时沟通协商，听取多方意见，引导小区居民客观公正地面对现状，起到了非常积极的效果。此外，社区临时党支部的做法还延伸到了选举工作中。

社区工作人员给老人送腊八粥　　　　社区工作人员为退役军人贴春联

科普宣传

2018年，鉴于晶都新物业暂未选聘完成，由原物业公司延长服务期限，在党总支的牵头下，于6月成立物业、业委会联合临时党支部，由业委会主任担任临时党支部书记，对维护社区稳定也起到了积极作用。

以单位"联动"实现问题处理"同频共振"。晶都社区党总支以党建为引领，充分发挥居委会的自治和监督作用，业主委员会的自我管理作用，以及物业公司的专业管理作用，同时加强日常与区住建局物管科等职能部门的联系与沟通；要求业委会在节后立即就业主联名签字提议的内容逐项召开业主大会；要求业委会与物业公司、停车管理第三方运营公司磋商，暂停停车管理相关工作的推进；要求物业延长服务期限……晶都社区党总支多次召开不同层面的联席会议，联合各相关单位，就关键问题研究协商，逐一攻坚破难，在推进小区各类问题得到有效解决，阻止矛盾持续激化方面发挥了重要作用。

强化"红色"引领，促进"联席"合作。晶都社区党总支近年来还探索建立了党建联席会机制，由党总支牵头，将各党支部、物业、业委会组织起来，快速协调处理一些紧急突发问题。小区内亟待解决的问题，如新老业委会交接、停车收费等，都通过网格党支部、物业业委会临时党支部、社区联席会议，以同商共建和谐社区为纽带，充分开展团队协作。对各自职能范围内能解决的问题，不推诿搪塞，主动解决；对需要联动解决的问题，群策群力齐抓共管。联席会使社区大部分的问题得到了有效解决。

第三节 制度保障："56569"社区服务体系

　　有效而持续的社区服务供给还需要成熟的服务体系做保障。在实践探索中，晶都社区将"网、组、片"工作和开展服务型社区建设进行有机结合，推出了"56569"社区服务体系，积极创新社区管理，实现了"社区信息覆盖全面化、社区便民服务实质化、社区党群共建一体化"目标，进一步完善了社区服务体系。通过该服务体系，社区平均一年中协调解决邻里矛盾、信访化解、防灾防盗、物业管理、噪声扰民等大大小小问题1300余个，受到居民群众的广泛好评。

居民行使民主权利

社区与退休人员代表共商活动事宜

社区协调华数做好数字安防   民主协商服务居民

第四节 自治夯基：引导社会组织做好专业服务

晶都社区居民的美好生活还来源于大量专业社会组织的扎根服务。近年来，晶都社区积极引入专业社会机构、专业社工队伍参与国际化社区服务和社会建设，实现了广泛的社会协同治理和专业化治理。社区积极组织中外居民和30家社会组织（其中28家已备案）定期开展活动，"专业人士+志愿者"的组合令社会工作组织化、专业化程度更高，社会资源运用更广泛。据统计，目前晶都社区各类社会组织每周累计至少向居民提供10项服务，惠及人数达400余。

这些社会组织主要包括以下类型：

晶心闪耀社区社会组织服务中心。该社会组织通过与"量康科技"合作，将这个由专业科学技术团队所创建的健康服务机构引入社区，把最先进的生物检测技术转化为实用的健康检测项目，利用IT互联网和云计算来检测居民健康，在社区服务中也积累了服务经验。健康小屋里，每周都有专业的医生来为居民提供健康咨询、血压血糖检测、推拿针灸等服务，极大地满足了居民对日常健康的关切。

"晶"银花开居家养老服务中心。社区通过体制机制创新引入了第三方服务，委托专业机构管理。同时，为老人配备智慧养老终端设备，提供养老对象的实时监控、急救指挥以及智能化综合服务管理。在这里，社区转变成为政府购买的社会服务项目的实际监督者、评估者，协助专业机构开展社区服务项目的有效运行。比如社区老人姜九真，虽然卧床在家，但头发长了有公益组织上门理发，生病了有医生志愿者上门

1 | 2　　1. 少儿英语班
　　　　2. 少儿编程
　　3　　3. 亲子早教
　　4　　4. 小朋友学打鼓

服务，居家养老服务中心的工作人员提供送餐上门、每周探望、谈心，大大地方便了老年居民的生活。

"晶"色童年青少年服务中心。国际化社区的青少年在各种思潮、文化的影响下，个性发展突出，具有多元的社会需求。基于此，晶都社区借势整合，与区流动青少年宫、辖区单位等合作，综合公共及私人单位资源，开设了基础教育类、美术类、书法类、文学类、综艺类、英语类、科技类等7大项校外辅导课程。在这里，外籍居民争做志愿者，积极主动提供诸如绘本阅读、英语教学等公益服务，极大满足了国内青少年的外语需要。

义务治安巡逻队。这一组织在最初只是一支由社工带头组成的10余人的巡逻小队，如今这支治安巡逻队已发展成有80多名队员。小区已形成每天有一名居民牵头、每周一循环的定时定点定人员的服务模式。9年来风雨无阻，参加过这支队伍的人数达200余人，累计服务人次达2.6万，其中劝阻电瓶车违规充电47次，发现窨井盖缺失4次，通过日复一日地巡查和宣传，真正让"安全是家家户户的事"入耳走心。

邓阿姨歌唱队。该社会组织由老党员邓锡鹄牵头，组织的成立源于一场红歌赛，从最初的8名参赛队员发展到现在有80名队员。多年来，该社会组织引导居民走出家门、走进社区，将爱好唱歌的居民齐聚在一起，融为快乐的大家庭。

第五节 "一核两翼"社区服务模式的价值

随着经济社会发展水平的提高，社会治理的重点正在发生重要转型，即从过去强调如何管理确保社会稳定，走向了如何服务确保整个社会获得更加优质、高效、精准的社会公共服务供给。在这一背景下，如何做好基层服务，增进群众的获得感、幸福感与满足感，也自然成了当前基层探索的重要方向。

晶都社区从一个微观治理单元内的案例实践的角度，揭示了一个社区应该如何更好地向社区居民提供公共服务。具体而言，晶都社区之所以有着如此良性的社区服务供给体系，原因在于形成了"一核两翼"的社区服务模式。在这套服务模式下，党建发挥了至关重要的引领作用，党员不仅模范带头，直接参与了社区各类为民服务事业，同时，社区党组织也较好地发挥了桥梁纽带、联动链接的作用。其次，做好社区服务还要求抓住关键信息、抓住节点信息，形成了一整套完备的矛盾纠纷化解机制、舆情管理机制，将服务的主要责任落实到位。而这一整套完备的社区服务制度体系的构架无疑也是晶都社区一个重要的工作亮点。做好社区服务还要求专业化的人员介入。社区不仅要引入一批具有实战经验、重要影响的社会组织，还要逐步形成一套符合社区实际治理需要的社会组织孵化模式，只有如此，依托社会组织供给专业化的社区服务才能持续。

1	2
3	
4	

1. 学做重阳糕
2. 居民自制月饼
3. 中秋活动
4. 请园艺师培训插花

晶都社区社工集体照

第九篇　社区人

　　聚集在社区的主要是两部分人，绝大多数是长期居住在社区的居民，还有就是社区的管理者和服务者。社工既是社区的管理者又是居民的服务者，晶都社区的社工们在社区党总支的带领下，认认真真管理社区，兢兢业业为居民服务，不断提升居民的生活品质。居民是社区的主人，建设好管理好社区为居民，同时要建设好管理好社区也要靠居民，晶都社区很多居民把社区当作大家庭，主动关心参与社区的建设和管理，为社区奉献光和热。

·郑立萍（晶都社区党总支书记、居委会主任）

郑立萍，晶都社区党总支书记、居委会主任。10年间，她始终以饱满的热情和负责的态度对待工作，勇立潮头、开拓进取，投身于基层社区建设。在她的带领下，党组织的凝聚力、号召力、战斗力大大增强，各项工作水平稳步提升。

一、探索一条稳扎稳打的路子，解决居民的突出问题

"凡用人之道，采之欲博，辨之欲精，使之欲适，任之欲专。"郑立萍一方面用初心践行服务，另一方面用爱心塑造队伍，她像知心姐姐一样关心社工的成长，为青年社工打造平台，鼓励和支持社工大胆作为。她带头学习，带头走访，对每一项工作都亲力亲为，促进了全社区上下的良好风气。真抓实干，这是她对班子成员的要求，也是对居民最朴素的承诺。

基于不同社区的不同特点，郑立萍沉下心来思考研究，从满足居民切实的需求这个工作要点入手，开展重点工作任务。比如，基于白马湖社区商业楼盘和安置混合型的特点，她以点带面，从硬件提升、队伍建设、机制创新入手，以三治融合创建为基，规范网格化管理服务机制，创新社会治理服务。在小城镇综合整治工作中，在孔雀苑小区外立面改造工程项目上，在垃圾分类工作推进中，她带领团队挨家挨户走访，不厌其烦地宣传。比如，基于晶都社区无物业小区硬件条件相对落后、缺乏基础设施改造资金等现状，她接过无物业小区治理的"接力棒"，通

过提升环境、加强服务、优化管理等方式，从环境蝶变、服务智慧、管理多元等方面入手，推动老旧小区旧貌换新颜。

二、创造一个安定和谐的环境，促进社区的稳定发展

"安而不忘危，存而不忘亡，治而不忘乱。"在奋力打造"重要窗口"的新征程中，平安建设是重头戏。她定期召开网格长、网格员、楼道长、志愿者工作会议，充分发挥骨干作用，积极开展防电信诈骗、移风易俗、文明殡葬、预防登革热等宣传工作。她带领团队积极开展安全生产"大排查、大整治、大宣传"、保居民安全出行的扫雪除冰、小城

郑立萍在检查消防安全

镇环境卫生综合整治拆违等行动，共创平安社区。

社区辖区内有网易、新华三、中南建设集团等20个大型高新技术企业园区，企业1040家，企业员工近40000人，根据前期社区电信网络诈骗发案形势分析，社区辖区企业发案高、案损大，她带领团队在中南建设集团内试点开展了企业反诈。以党建引领，她联合交警中队等党建共建单位，持续开展"平安滨江""防范电信网络诈骗""交通安全治理"等专题宣传活动，深入企业园区，做好防诈骗宣传工作。在小区常态化开展"守小门、护平安"一门一岗，"反诈骗、交通安全、消防安全、平安三率"巡查宣传活动。

郑立萍把小区的和谐稳定放在首位。她全面指导协助各小区业委会、物业开展工作，将与业委会、物业的互动作为工作日常。坚持每两月定期组织召开各小区临时党支部、业委会正副主任、物业主管例会，交流阶段性工作，商讨解决难题。社区、业委会、物业三方各司其职、尽心尽责，环环相扣的工作机制使小区各项工作呈现良性循环。

另外，在疫情防控成为常态化的趋势下，她带头落实防疫要求，切实承担防疫责任，开展疫苗接种的宣传、登记工作。根据疫情中高风险地区的最新划分情况，对来滨返滨人员做好排查、报告及管控工作。

三、树立一种常态长效的理念，引领社区高质量发展

社区的建设只有"参与者"，没有"旁观者"。只有充分调动起居民群众的积极性，让群众成为社区建设的主力军，才能把人民对美好生活的向往转化为强大的精神动力。在她的带领下，社区坚持党建引领，按照社区所需、党员所长，将具备专业素养的优秀党员、骨干集结，成立红管家队伍，一个楼道一名红管家，充分利用其贴近群众、了解情况

的优势，引导他们共同做好党建、网格化管理等工作。针对楼道内部提升、消防安全提升等小区重点工作内容，红管家们通过召开恳谈会、议事会等方式，迅速敲定方案，进入运行环节，真正做到了众人事、众人议。社区还加强区域党建共融，以居民需求为导向，以志愿服务队、党建共建单位等资源为支撑，为居民提供便民服务，提升居民群众的获得感。

· 沈金荣（晶都社区党员、退役军人）

　　沈金荣是一名入党50年的优秀党员，也是晶都社区退役军人服务站的轮值站长，也是退役军人"兵"心志愿者的重要一员。他是社区志愿服务的积极分子，疫情防控、垃圾分类倡导、路口文明劝导、消防卫生安全检查等，处处都有他的身影。他从社区成立之初就加入了义务巡逻队，疫情防控期间，他看到社区人手吃紧，主动承担起无物业小区居家隔离户的巡查工作，在没电梯的小区里爬上爬下，做好每天4次的巡查，坚持了近一个月。他的先进抗疫事迹先后上了学习强国、杭州市退役军人发布等平台，极大地发挥了先锋模范作用，实现了退役军人反哺社会、助力居民自治的美好愿景。自2015年加入志愿会至今，他已累积了近600个小时的信用时数，他的奉献精神受到居民的交口称赞。

沈金荣（左四）

·邓锡鹄（党支部书记、"杭州市百姓之星"）

2019年11月16日上午，杭州市全民学习活动周在杭州文广集团拉开序幕，晶都社区居民邓锡鹄喜获"杭州市百姓之星"称号。

"学习让我们的生活更美好。"邓锡鹄就是用行动在诠释这一理念，平日里她喜欢看书，热爱学习，退休后便热心投身于社区活动中。在晶都社区，她拥有诸多不同的"身份"，她既是居民代表，又是网格楼道长，更是二级党支部书记。她是社区老年教育活动的积极参与者，在葫芦丝课、歌咏队、老年大学中总能找到她的身影。她是社区各种重大活动的倡导者与支持者，如她在垃圾分类定时定点工作给出了创造性意见和建议，并积极参与到垃圾分类的志愿服务中去。同时，她还曾参加过杭州市电视台大朱哥的民情调解节目，共出场11次，受到了电视台的一致好评，她说："这次难得的机会促使我对民法和民情有了进一步的了解！希望能在有生之年，活到老学到老，做一名与时俱进的好居民。"

邓锡鹄说，通过社区教育学习不仅收获了健康和快乐，也收获了友谊和亲情，社区有着像"家"一样的学习氛围，希望能通过学习将这份幸福与美好传递给身边更多的人！

邓锡鹄

童觐莎（右）给快递小哥宣讲党的十九届
六中全会精神

王辰（左）入户慰问退役军人

来燕丽（右）入户走访

来乔（右）劝导居民正确佩戴头盔

冯波波（左一）与机构对接
垃圾分类工作

郁炜（右）进行消防安全
排查

韩建萍（右）慰问白衣战士

聂雪琼（右二）在进行防诈骗宣传

夏陈超（右）疫情防控测温

施世特（右）在垃圾分类宣传

邵哲琦（右一）在"平安宣传进园区"活动中

赵洪军在进行疫情防控重点人员电话核查

胡泽萍（左）在进行消防卫生排查

王一铭在张贴居家隔离告知书

附　录

荣誉录

2011年

杭州市基层老年人体育协会先进单位

杭州市健康单位

杭州市科普文明示范社区

杭州市创建全国文明城市先进集体

杭州市文化示范社区

杭州市学习型组织建设先进集体

杭州市最有创意社区邻居节

2011年度杭州市文明社区

2012年

浙江省综合减灾示范社区

浙江省文明社区

浙江省卫生先进单位

杭州市卫生社区

杭州市职工文化建设先进单位

杭州市社区服务离休干部居家养老工作先进集体

杭州市基层共青团"十佳百优"创新创优项目

杭州爱国卫生先进单位

杭州市充分就业社区

新杭州人文化家园

杭州市三星级体育社区

杭州市红十字先进单位

杭州绿色社区

杭州市无烟单位

杭州远程教育之星示范点

2010—2012年创先争优先进基层党组织

2013年

浙江省示范村级便民中心

浙江省无烟单位

浙江省我爱跳排舞最佳创意奖

杭州市老年体协乒乓球比赛优秀奖

杭州市绿色社区

杭州市廉政文化示范点

杭州市三星级老年活动中心

杭州市首届"最美社区"网络评选最优秀社区

杭州市创建劳动关系和谐企业活动达标单位

杭州市青年文明号

2014年

全国和谐社区建设示范社区

全国综合减灾示范社区

浙江省级基层人民防空（民防）规范化建设单位

浙江省基层科普示范单位

浙江省绿色社区

杭州市百佳"优秀服务管理团队"

杭州市百佳"优秀平安网格"

杭州市社会管理综合治理考核优胜单位

杭州市党风廉政建设示范社区

杭州市老年宜居社区

杭州市四星级体育社区

杭州市维护社会稳定工作先进单位

杭州市气象灾害应急准备工作认证单位

2015年

浙江省气象防灾减灾标准化社区

浙江省先进社区

杭州市老年电视大学市级示范教学点

杭州市社会管理综合治理考核优胜单位

杭州市示范家长学校

杭州市生态文明建设示范工程

杭州市青少年俱乐部示范点

2016年

杭州市第二批社区青少年俱乐部示范点

杭州市法治宣传教育先进集体

杭州市和谐（文明、平安）社区（村）

杭州市先进职工之家

杭州市反邪教警示教育阵地

2017年

全国优秀学习型村居（社区）

杭州市示范儿童之家

杭州市垃圾分类示范小区（长兴苑）

2018年

浙江省村居老年教育示范点

杭州市国际化社区示范点

杭州市最美敬老爱老示范社区

杭州市三星级社区文化家园

2019年

浙江省示范家长学校

浙江省城乡社区治理和服务成绩突出集体

浙江省老年体育现代化村（社区）

杭州市老年体育示范社区

2020年

浙江省民主法治村（社区）

浙江省文化示范村（社区）

浙江省新时代枫桥式退役军人服务中心（站）

杭州市民政民生领域先进单位

杭州市和谐（文明、平安）社区

杭州市抗击新冠肺炎疫情先进集体

杭州市四星级社区文化家园

杭州市社区教育进文化礼堂（家园）活动优秀组织单位

杭州市新时代枫桥式退役军人服务中心（站）

2021

浙江省社会组织服务中心示范点

杭州市先进基层党组织

杭州市和谐（文明、平安）社区

杭州市老年友好型社区

杭州市"示范妇女之家"

杭州市"扫黄打非"优秀基层单位

后 记

　　这是我第四次接到采写社区文化家园建设先进典型的任务。

　　杭州市滨江区长河街道晶都社区地处长河街道中心区块，是个上万人的居住小区。晶都社区努力建好、用好社区文化家园，把社区文化家园真正打造成社区居民的"精神家园"，围绕"文化驿站、共享空间"的定位，社区用发展的观点、和谐的意识、创新的思路、文化的理念走出了独具特色的晶都之路，用心演绎着居民的文化自信，居民的归属感、获得感也不断提高。在这里，居民之间日常交流交往频繁，小区文娱活动异常丰富，各种活动将居民联结成为一个情感的生活共同体。

晶都社区其他方面的工作也可圈可点。近年来，晶都社区以党建为统领，以完善的服务体系为保障，以坚实的社会组织力量为依托，形成了"一核两翼"的社区服务模式。社区以优化服务为着力点，推行党员"三五日"、网格支部"三个一"；以社会协同为抓手，建强社会组织党建阵地；以典型培树为载体，成立自治帮帮团。这些举措让党建工作在基层一线发挥了实效。党员模范带头，党组织联动链接，显著地提高了社区服务水平。晶都社区获得了全国和谐社区建设示范社区、全国综合减灾示范社区、全国优秀学习型社区、浙江省文明社区、浙江省卫生先进单位、浙江省示范村级便民中心、浙江省无烟单位、浙江省绿色社区、浙江省基层科普示范单位、浙江省级基层人民防空（民防）规范化建设单位、浙江省村居老年教育示范点、浙江省示范家长学校、全省城乡社区治理和服务成绩突出集体、杭州市国际化社区示范点、杭州市抗击新冠肺炎疫情先进集体、杭州市和谐（文明、平安）社区等荣誉称号。在采访中，我深深为社区工作人员为民服务的奉献精神所感动。

在采写过程中，杭州市遇到了新冠肺炎疫情，滨江区受影响严重，使采写增加了难度，但还是得到了晶都社区的热情支持，郑立萍、童靓莎、郁炜等给予了我很多帮助，在此谨向他们表示衷心感谢！

张翼飞

2022年3月